Hildegard Krug

Tom und Toni auf dem Tannenhof

Verlag der
St.-Johannis-Druckerei
C. Schweickhardt
Lahr-Dinglingen

CIP-Kurztitelaufnahme der Deutschen Bibliothek:

Krug, Hildegard:
Tom und Toni auf dem Tannenhof / Hildegard Krug. – Lahr-Dinglingen :
St.-Johannis-Druckerei C. Schweickhardt, 1988
(TELOS-Bücher ; Nr. 73619 : TELOS-Kinderbuch)
ISBN 3-501-00370-6
NE: GT

ISBN 3 501 00370 6

TELOS-Bücher
TELOS-Kinderbuch Nr. 73619

Umschlagbild: Sarah Kay
Textillustrationen: Emmy-Claire Haag
Gesamtherstellung:
St.-Johannis-Druckerei, 7630 Lahr-Dinglingen
Printed in Germany 9374/1988

Inhalt

Ein wunderschöner Morgen 7
Im Gemüsegarten 10
Zwei stramme Söhne 12
Das Rosenzimmer 16
Die Frau mit dem langen Namen 18
Margit möchte alles wissen 21
Was tut Tante Lilo? 24
Die Zwerge mit den langen Schwänzen 28
Im »Stillen Garten« 31
Die kranke Olga 34
Die Burg über dem See 37
Eine lange und traurige Geschichte 40
Wenn Besuch kommt . . . 47
Die große Spinnenjagd 50
Was große Leute sich erzählen 53
Wo sollen die Zwillinge hin? 56
Namen 60
Es liegt was in der Luft 63
Tränen an einem Freudentag 66
Die Ansichten der Großmama 72
Tante Lilo hat eine Idee 74
Scheiden tut weh 78

Ein wunderschöner Morgen

Die Sommersonne scheint hell und freundlich auf den Tannenhof. Das ist ein großer, schöner Bauernhof, der nahe am Wald liegt und von hohen Tannen beschattet wird. Dort wohnt die Familie Tanner. Frau Tanner, die Bäuerin, ist schon früh aufgestanden. Für eine Bäuerin gibt es immer viel zu tun. Sie ist in den Stall gegangen, um die Kühe zu melken mit der Melkmaschine. Später werden sie auf die Weide getrieben.

Nicht alle sind wach auf dem Tannenhof. Die sechsjährigen Zwillinge Tom und Toni liegen noch in ihren Betten. Aber die Sonne guckt durch die Vorhänge hindurch, denn das Zimmer der Zwillinge liegt auf der Ostseite des Hauses, und im Osten geht die Sonne auf. – Dies Zimmer heißt das »Grüne Zimmer«; es hat eine grüne Tapete und eine grüne Lampe und weiße Vorhänge mit grünen Blättern darauf.

Toni wacht zuerst auf, reckt sich, gähnt und ruft: »Hallo, Tom! Die Sonne scheint. Es ist bestimmt ein schöner Morgen. Wir wollen aufstehen und sehen, was Ally macht.«

Mit »Ally« meint Toni die Bäuerin Alwine Tanner. Tom brummt bloß als Antwort. Er liegt noch ganz in seinem Federbett vergraben. Nur sein blonder Schopf ist zu sehen.

Toni läßt nicht locker. »Bestimmt gibt es etwas Leckeres zum Frühstück. Beeil dich, Tom!«

»Du kannst dich ja schon mal waschen, Toni!« schlägt Tom vor.

»Zuerst beten!« erinnert ihn Toni. »So hat Ally es uns gelehrt. Erst beten, dann waschen, dann anziehen, dann frühstücken. – Los, Tom, du bist heute an der Reihe.«

Tom reibt sich die Augen. Dann fängt er an:

»Wie fröhlich bin ich aufgewacht!
Wie hab ich geschlafen so sanft die Nacht!

Hab Dank im Himmel, o Vater mein,
daß Du hast wollen bei mir sein.
Behüte mich auch diesen Tag ...«

Ganz plötzlich weiß Tom, der noch recht müde ist, nicht mehr weiter. Schnell fügt er hinzu: »Und gib mir alles, was ich mag.«

»Das ist falsch«, weist ihn Toni zurecht. »Es muß heißen: daß mir kein Leid geschehen mag. Amen.«

»Ich wollte es heute anders beten«, sagt Tom störrisch.

»Los! Auf ins Bad!« ruft Toni und zieht Tom die Decke weg.

Langsam trottet Tom hinter Toni her ins Badezimmer. – »Warum sollen wir uns eigentlich waschen?« fragt er dabei. »Nachher werden wir doch wieder schmutzig.«

»Ally hat es gesagt«, wiederholt Toni. »Erst beten, dann waschen, dann anziehen, dann frühstücken.«

»Sie merkt es vielleicht nicht«, brummt Tom.

Toni schüttelt den Kopf. »Ally merkt alles.«

In der Wohnküche wartet das Frühstück auf die Zwillinge. Die Bäuerin kommt eben herein und schaut sich die Kinder an. Sie tragen beide Bluejeans und dazu ein gelbes T-Shirt. Beide haben sie widerspenstiges blondes Haar, blaugraue Augen und eine Stupsnase mit Sommersprossen.

Frau Tanner schenkt den Zwillingen Milch ein in ihre Becher. Es gibt wunderbares selbstgebackenes Brot auf dem Tannenhof. Toni möchte ein Brot mit Pflaumenmus haben; Tom will eines mit Quark und Erdbeermarmelade. – »Zweierlei – das ist eine Verschwendung!« murrt Toni. Aber Tom bekommt das Brot, das er sich gewünscht hatte.

Als die Zwillinge satt sind, spricht die Bäuerin das Dankgebet:

»Alle guten Gaben, alles, was wir haben,
kommt, o Gott, von Dir. Wir danken Dir dafür. Amen.«

»Was sind das für Gaben?« fragt Tom. Er ist oft ein richtiges Fragezeichen.

»Das Frühstück«, sagt Toni. »Das Brot, die Milch, die Marmelade.«

»Und der Quark«, fällt Tom ein. »Und noch viel mehr: das Bett und die Bluejeans und das T-Shirt – und das Grüne Zimmer.«

Toni strahlt. »Und der Tannenhof und die Kühe und die Sonne und der wunder-wunderschöne Morgen. Komm, Ally, wir wollen raus!«

»Ihr könnt mit in den Gemüsegarten«, sagt die Bäuerin. »Jetzt ist es noch nicht so heiß.«

»Und die Vögel singen, und die Blumen blühen, und der Tau blitzt auf den Gräsern!« freut sich Toni.

Im Gemüsegarten

Frau Tanner jätet Unkraut, und Toni hilft ihr dabei. Tom will auch mithelfen, aber zuerst muß er nachdenken. Dazu drückt er seinen rechten Zeigefinger gegen die Nase. »Warum sind die Erdbeeren rot?« fragt er dann.

»Das ist doch klar«, sagt Toni rasch. »Weil sie nämlich nicht blau sind.«

Tom hat noch viel mehr Fragen auf dem Herzen: »Ob die Erdbeeren im Paradiesgarten so groß sind wie Tomaten?«

»Warum sollten sie das?« fragt die Bäuerin zurück.

»Ja, man hätte dann das Eimerchen viel schneller voll«, erklärt Tom. »Das ist nur, weil er so gerne Erdbeeren ißt«, verrät Toni.

»Ja, und die Kirschen im Paradiesgarten sind bestimmt so groß wie Äpfel«, sagt Tom und schaut Toni dabei an. Er weiß, daß Toni Kirschen am liebsten mag, – noch lieber als Erdbeeren.

Toni lächelt und hat nun auch eine Frage: »Und die Kürbisse? Wie groß sind die Kürbisse im Paradiesgarten?«

Tom denkt nach und drückt dabei seinen rechten Zeigefinger gegen die Nase. »Die Kürbisse sind groß genug!« ruft er dann. »Denn wenn sie so groß wären wie eine Kuh – was sollten wir damit machen?«

»Wir sind noch nicht im Paradiesgarten, sondern in unserm Gemüsegarten«, erinnert Frau Tanner. »Gott freut sich, wenn wir fleißig sind in unserm eigenen Garten und ihn schön in Ordnung halten. Er hat zu Adam und Eva auch gesagt, sie sollten den Garten Eden pflegen und hüten.«

Tom kraust die Stirn. »Das haben sie nicht getan! Sie haben nicht aufgepaßt. Da kam die Schlange hereingekrochen ... Ich werde mir jetzt einen großen Stock suchen, und dann geb ich acht, daß keine Schlange in unsern Garten kommt.«

»I wo, hier auf dem Tannenhof sind gar keine Schlangen«,

sagt die Bäuerin. »Lauf lieber schnell ins Haus, Tom, und hol das kleine Eimerchen. Es steht in der Futterküche. Dann kannst du Erdbeeren pflücken. Die können wir zum Abendbrot essen oder als Nachtisch zum Mittagessen.«

Tom mag Erdbeeren sehr. Trotzdem überläßt er das Pflükken am liebsten Toni. Er selber bückt sich nicht so gern! Dann tut er doch, was Ally ihm gesagt hat: er holt das Eimerchen und fängt an zu pflücken.

Auf einmal sieht er Till, den Sohn der Bäuerin. Da stellt er das halb volle Eimerchen ab und ruft: »Da ist Till! Er hat den Traktor auf den Hof gefahren und macht gerade den Anhänger fest. Sicher will er den Rest vom Heu holen. Ally, Ally, darf ich mit? Ich möchte so gerne mitfahren. Wir haben genug Erdbeeren.«

»Ja, wenn du meinst . . .«, sagt Frau Tanner zögernd.

»Ich fahre auch mit!« schreit Toni; denn Toni findet, nun sei genug Unkraut gezupft, – vom Möhrenbeet und vom Zwiebelbeet. Das ist in Wirklichkeit aber nur ein Beet! Die Bäuerin hat abwechselnd eine Reihe Möhren und eine Reihe Zwiebeln angebaut. Der Geruch der Zwiebeln soll die Würmer von den Möhren fernhalten.

»Na, dann geht nur«, brummt Frau Tanner. – Hand in Hand laufen die Zwillinge auf den Traktor zu.

Zwei stramme Söhne

Tom und Toni fahren gerne mit dem Traktor. Es geht nicht so schnell wie mit dem Auto. Dafür sieht man mehr von dort oben. Man kann sich alles ganz in Ruhe anschauen. – Weil Till sich einen Hut aufgesetzt hat gegen die Sonnenglut, hat auch Tom seinen kleinen Hut geholt. Er will alles so machen wie Till. – Toni hat sich nichts auf den Kopf gesetzt.

Am Wegrand blühen bunte Blumen: roter Klee und weiße Margeriten, gelber Hahnenfuß und blaue Wegwarte. Eine Biene kommt auf die Blumen zugeflogen, und Toni fängt gleich mit heller Stimme an zu singen:

»Summ, summ, summ, Bienchen, summ herum!
Ei, wir tun dir nichts zu Leide,
flieg nur aus in Wald und Heide!
Summ, summ, summ, Bienchen, summ herum.«

Till Tanner deutet auf ein Feld auf der linken Seite: »Was wächst dort?«

»Das ist Hafer. Jetzt weiß ich es«, sagt Tom.

»Hafer kennt man leicht«, findet Toni. »Bei Roggen und Gerste ist es schwerer.«

Tom schüttelt den Kopf. »Nicht so schwer, wenn du genau hinschaust. Die Gerste hat längere Grannen, – nicht wahr, Till? Granne – so heißt es, das hast du mich gelehrt. – Roggen ist sehr nützlich, denn davon bäckt man Brot.«

»Weizen auch«, fällt Toni rasch ein; »denn davon backt man Kuchen; und von dem Hafer macht man Haferflocken für Haferbrei.«

»Und von der Gerste?« möchte Tom wissen.

»Man braucht sie zum Bierbrauen und auch für Zucker, Sirup, Graupen und Kaffee-Ersatz«, antwortet Till.

Jetzt kommen sie an einem Kartoffelacker vorbei, und Toni

sagt: »Ich würde am liebsten Kartoffeln anbauen. Das geht einfach. Man buddelt sie aus der Erde, tut sie in den Kochtopf – und kann sie gleich essen! Das Korn muß erst mit dem Mähdrescher gemäht und gedroschen werden. Dann werden die Körner in die Mühle gebracht. Dort werden sie zu Mehl gemahlen, und aus dem Mehl bäckt Ally Brot und Kuchen. Das hat sie uns erklärt.«

Till nickt. »Ja, das ist richtig. Aber man kann nicht immer bloß Kartoffeln anbauen. Sonst wird der Boden ausgelaugt. Man muß immer mal abwechseln und dazwischen Getreide oder Lupinen zum Füttern oder Mais anbauen. Das nennt man ›Fruchtwechsel‹.«

Auf ihrer Fahrt mit dem Traktor begegnen sie dem alten Hutzel-Bauern. Unter seinem zerbeulten Hut schauen ein paar graue Haarsträhnen hervor, und ein grauer Bart rahmt sein braunes, faltiges Gesicht ein. – »Hm, da kommt ja der junge Tanner vom Tannenhof«, murmelt er, als er den Traktor sieht. »Und schau an! Der junge Tanner hat schon zwei stramme Söhne.« Toni kichert.

Als sie das Heu aufgeladen und auf den Tannenhof gefahren haben, ist das Mittagessen fertig. Die Bäuerin hat einen Eintopf gekocht mit den ersten Frühkartoffeln und jungem Gemüse aus dem Garten und kleinen Fleischstückchen drin. Den Zwillingen schmeckt es köstlich.

»Wenn ich groß bin, werde ich auch ein Bauer – wie Till!« ruft Tom. »Dann mache ich Fruchtwechsel und baue Kartoffeln, Roggen und Weizen an.«

»Du kannst ja gar kein Bauer werden«, sagt Toni, »weil du nämlich keinen Bauernhof hast.«

»Doch«, beharrt Tom. »Erst verdiene ich Geld, und dann kaufe ich mir einen Bauernhof. Der soll sein wie der Tannenhof.«

Till seufzt ein bißchen. »Als Bauer verdient man aber nicht viel Geld.«

»Man braucht auch nicht viel Geld, weil man ja fast alles hat«, sagt Tom. »Kartoffeln und Gemüse und Mehl zum Brotbacken und Milch von den Kühen und Wurst von den Schweinen und Fleisch von den Kälbern und Bullen.«

»Du weißt ja schon gut Bescheid«, lobt ihn Till. »Aber man braucht auch Maschinen, und die sind teuer.«

»Heute sind wir dem alten Hutzel-Bauern begegnet«, erzählt Toni. »Und der hat zu Till gesagt, er hätte zwei stramme Söhne. Damit hat er uns gemeint!« – Toni schüttelt sich vor Lachen.

»Du hättest ein Kopftuch umbinden müssen – wie Ally«, sagt Tom. »Dann hätte er gemerkt, daß du ein Mädchen bist.«

»Das soll er ja gar nicht merken!« ruft Toni hitzig. »Wir sind

Zwillinge, und ich will genauso aussehen wie mein Bruder Tom.«

»Du bist aber nicht genauso wie dein Bruder«, erklärt ihr die Bäuerin. »Gott wollte euren Eltern ein Pärchen schenken – einen Buben und ein Mädchen. Du weißt, Toni, daß eure Großmama es gar nicht gern sieht, wenn du wie ein Junge herumläufst.«

»Sie ist ja nicht da!« lacht Toni. »Na, und dann kann Till ja noch gar keine Söhne haben, weil er noch nicht verheiratet ist.«

»Das wird hoffentlich bald geschehen«, sagt Till Tanner versonnen. »Vielleicht noch in diesem Jahr.«

»Au ja, au ja!« freut sich Tom. »Dann feiern wir Hochzeit auf dem Tannenhof. Das wird wunderschön!«

Das Rosenzimmer

Neben dem Grünen Zimmer liegt das »Rosenzimmer«. Es hat auch Morgensonne. Tom und Toni finden, daß es das schönste Zimmer auf dem Tannenhof ist. Die Möbel im Rosenzimmer sind weiß mit goldenen Verzierungen; es hat eine Tapete mit Rosenmuster, Vorhänge mit Rosen darauf und Bettdecken von dem gleichen Stoff. Auf dem runden Tisch liegt eine gestickte Decke mit Rosen und darauf steht eine Vase, auf die Rosen gemalt sind. Jetzt ist sie noch leer, aber wenn Besuch kommt, wird sie mit Rosen gefüllt. Es können auch Heckenrosen, Rutenröschen oder Stockrosen sein; im Winter sind es Christrosen, oder Ally nimmt Tannenzweige und Zweige vom wilden Rosenstrauch mit roten Hagebutten. Die Hagebutten sind die Früchte der Heckenrosen. Man kann sie sammeln und Marmelade davon kochen. Die ist sehr gesund, weil sie viele Vitamine enthält.

Heute nachmittag ist Frau Tanner ins Rosenzimmer gegangen und hat angefangen, dort die Betten zu beziehen. – Toni lugt zur Tür herein und fragt: »Warum beziehst du die Betten, Ally? Kommt Besuch?«

Die Bäuerin nickt. »Ja, wir werden wieder Feriengäste haben auf dem Tannenhof; eine junge Frau und ihre kleine Tochter.«

»Au fein, au fein!« freut sich Toni und hopst vergnügt auf und nieder wie ein Gummiball. »Wie alt ist das Mädchen? So alt wie wir? Oder geht sie schon zur Schule?«

»Ich weiß es nicht genau«, antwortet Frau Tanner. »Doch ich glaube nicht, daß sie schon zur Schule geht. Sonst müßten sie sich ja nach den Schulferien richten. Die Mutter hat aber am Telefon gesagt, daß der Zeitpunkt nicht so wichtig wäre. Sie möchte nur gerne mehrere Wochen auf dem Lande leben. Ihre kleine Tochter braucht Luftveränderung, weil sie oft erkältet ist, und sie selber möchte hier in Ruhe arbeiten.«

»In Ruhe arbeiten«, wiederholt Toni nachdenklich. »Was will sie denn arbeiten auf dem Tannenhof? Kühe melken oder kochen oder Gemüse ernten oder Beeren pflücken oder einkochen?«

Die Bäuerin schüttelt den Kopf. »Nein, natürlich nicht. Sie will ja für sich arbeiten. Was das für eine Arbeit ist, weiß ich nicht. Bald werden wir es erfahren.«

Abends im Bett muß Toni ihrem Zwillingsbruder die große Neuigkeit erzählen. »Zu dritt können wir noch schönere Spiele machen!« sagt sie begeistert. »Freust du dich auch auf die Feriengäste, Tom?«

»Hm«, brummt Tom. »Ich weiß noch nicht . . . Muß erst sehen, wie sie sind . . . Mir wär's schon lieber, wenn's ein Junge wäre. Eine Schwester hab ich ja schon.«

»Ja, aber ich hab noch keine Schwester«, fällt Toni rasch ein. »Hab mir schon immer eine gewünscht. Und wenn du gerne einen Bruder haben möchtest, Tom, kannst du ja mich als Bruder nehmen. Du weißt, daß ich alles mitmache, was du machst. Ich kann genauso gut auf Bäume klettern und Rad fahren und schwimmen wie du.«

»Das ist wahr«, stimmt Tom zu. »Und hauen und kneifen und beißen kannst du sogar noch besser als ich! Ja, du bist wie ein Junge.«

Damit gibt sich Tom zufrieden. Vielleicht ist es wirklich hübsch, ein kleines Mädchen um sich zu haben, das zart und lieb ist, dem man alles zeigen kann, was es auf dem Tannenhof zu sehen gibt, und das man beschützen darf?

Die Frau mit dem langen Namen

Tom und Toni gucken aus dem Fenster. Sie sind so gespannt auf die Feriengäste. Endlich fährt ein kleiner, grüner Volkswagen auf den Hof.

»Die haben wohl nicht viel Geld«, sagt Tom. »Schau nur, die fahren bloß einen kleinen grünen VW-Käfer!«

Toni ist anderer Meinung. »Ich finde ihn hübsch. Ich mag kleine Autos. Wenn ich groß bin, kauf ich mir auch einen

›Käfer‹. Der soll eine fröhliche Farbe haben; wie Apfelsinen.«

»Du meinst, orangerot?«

»Ja; genau.«

»Ich möchte lieber einen größeren Wagen fahren«, sagt Tom. »Wie Vati. Einen Mercedes oder einen BMW.«

Toni schaut ihren Zwillingsbruder an. »Das geht nicht. Wir sind Zwillinge. Wir müssen alles gleich haben – auch die Autos.«

»Na schön, dann fahren wir beide in meinem großen Wagen«, sagt Tom friedfertig. »Aber jetzt paß auf, eben sind sie ausgestiegen. Die Frau sieht jung und hübsch aus, und das kleine Mädchen ist richtig süß.«

Toni nickt. »Sie hat blonde Locken und veilchenblaue Augen. Und so niedlich ist sie angezogen! Wie eine Puppe.«

»Weißt du, wie die Feriengäste heißen?« fragt Tom.

»Ich hab Ally gefragt«, antwortet Toni. »Es ist ein sehr langer Name. Den kann ich mir nicht merken . . . Er klingt so ähnlich wie ›Kindskopf-Rosenwind‹.«

»Kindskopf-Rosenwind?« wiederholt Tom verblüfft. »So kann doch kein Mensch heißen! Na, das kleine Mädchen können wir beim Vornamen nennen, den werden wir schon behalten.«

Die Feriengäste sind ins Haus gekommen; man hört sie auf der Treppe. Tom und Toni haben die Tür des Grünen Zimmers geöffnet und gucken neugierig hinaus in den Flur. Die Bäuerin hat sie schon gesehen und ruft: »Kommt her, ihr beiden! Sehen Sie, das sind unsere Zwillinge Tom und Toni. Kommt, ihr zwei, und begrüßt unsere lieben Feriengäste, Frau Kingstone-Rosenbrink und ihre Tochter Margit.«

Tom und Toni sind ein bißchen verlegen. Margit ist auch verlegen: sie hat ihren linken Daumen in den Mund gesteckt.

Frau Tanner öffnet die Tür zum »Rosenzimmer«, und die fremde junge Frau sagt bewundernd: »O wie schön!«

Tom und Toni stoßen sich heimlich an und freuen sich. Sie freuen sich immer, wenn es jemand gut gefällt auf dem Tannenhof.

Eben kommt Till mit dem Gepäck der Gäste beladen die Treppe herauf. »Sie hat einen sehr langen Namen, diese Mutter«, seufzt Toni.

»Die Tochter heißt Margit, – das ist einfach«, findet Tom.

»Die Mutter heißt Kingstone-Rosenbrink«, erzählt Till. »Kingstone ist ein englischer Name und heißt auf deutsch ›Königstein‹.«

»Dann werd ich sie ›Frau Königstein‹ nennen«, beschließt Toni.

Es stellt sich aber heraus, daß dies gar nicht nötig ist. Margits Mutter erklärt den Zwillingen, ihr Vorname sei Liselotte und sie würde immer »Lilo« genannt. Die Zwillinge dürften »Tante Lilo« zu ihr sagen. Da sind Tom und Toni froh, denn das können sie sich gut merken.

Margit möchte alles wissen

Tom und Toni haben jetzt viel zu tun. Sie müssen Margit alles zeigen: alle Zimmer im Haus, alle Tiere im Stall und alle Pflanzen im Gemüsegarten. – Vor den Kühen hat Margit ein bißchen Angst: weil die so groß sind und Hörner haben! – Sie schaut zu, wie die Kühe mit der Melkmaschine gemolken werden. Die Milch wird dann aus den Eimern in große Kannen gegossen. Und diese Kannen stellt Till an eine bestimmte Stelle der Straße. – »Warum stehen sie da?« fragt Margit.

»Das Milchauto kommt hier vorbei und holt sie ab«, sagt Till. »Es fährt die Milch in die Molkerei. Dort wird aus der Milch Butter, Quark, Käse, Joghurt und Sahne gemacht.« – Staunend hört Margit zu.

»Früher wurde auf dem Tannenhof selbst gebuttert«, erzählt Toni. »Das war noch vor dem Krieg – hat Ally gesagt. Im Krieg durfte keiner buttern – alle Milch mußte abgegeben werden. Später haben die Bauern dann nicht wieder damit angefangen. Jetzt kommt alles in die Molkerei.«

Schließlich ist Margit müde vom vielen Anschauen. Da setzen sich die Kinder auf die Gartenmöbel, die unter einer der großen Tannen in der Nähe des Hauses stehen.

»Wie alt bist du, Margit?« fragt Tom.

»Vier Jahre«, antwortet Margit. »Ich gehe in den Kindergarten. – Und ihr? Wie alt seid ihr?«

»Sechs Jahre«, antwortet Tom.

»Aber wir werden bald sieben«, fügt Toni schnell hinzu. »Im Herbst kommen wir in die Schule. Wenn wir ein paar Wochen früher geboren wären, dann wären wir schon im vorigen Jahr in die Schule gekommen.«

»Hier ist ja keine Schule«, sagt Margit. »Hier ist gar nichts – nur der Tannenhof.«

»Früher war eine Schule in Siebenbergen – das ist das

nächste Dorf«, erzählt Tom. »Aber jetzt nicht mehr. Wir werden wohl nach Kerbelsdorf in die Schule müssen, und das ist weit.«

Margit möchte noch viel mehr wissen: »Nicht wahr, euer Vater ist viel jünger als eure Mutter?«

Die Zwillinge gucken sich verblüfft an. »Unser Vati? Wen meinst du nur?« fragt Toni. »Den kennst du doch gar nicht. Er wohnt in Frankfurt. Das ist eine sehr große Stadt.«

»Oh, Frankfurt kenne ich!« ruft Margit. »Wir wohnen ja nicht weit davon: in Bad Homburg. Dann ist der Bauer also nicht euer Vater?«

Jetzt geht Tom ein Licht auf. »Ach so, du meinst Till? Nein; der ist nicht unser Vater; der ist unser Onkel. Und außerdem ist er mein Pätter.«

»Pätter?« wiederholt Margit verständnislos. »Du meinst wohl Vetter?«

»Aber nein!« lacht Toni. »Wenn er unser Onkel ist, kann er doch nicht unser Vetter sein! Ein Pätter ist doch der, der das Baby bei der Taufe hält.«

Jetzt begreift Margit. »Ach, du meinst den Paten?«

Toni nickt. »Natürlich. Wir hier im Hessischen Bergland sagen Pätter.«

»Und wie sagt ihr zu der Patin?« fragt Margit weiter.

»Die nennen wir Gote«, antwortet Toni.

Margit hat noch mehr Fragen auf dem Herzen. »Ja, aber wer ist denn dann die Bäuerin? Ist es eure Tante?«

Toni schüttelt den Kopf. »Ally? Nein. Sie ist unsere Oma, die Mutter von Till. Hier in der Gegend werden die Großmütter ›Äller‹ genannt, und dann heißt sie Alwine mit Vornamen, und so nennen wir sie Ally.«

Jetzt schweigt Margit eine Weile und denkt nach. Dazu steckt sie den linken Daumen in den Mund. Die Familienverhältnisse auf dem Tannenhof scheinen ihr recht verwickelt! – »Ja, und eure Mutter? Wo ist denn eure Mutter? Ist sie auch in Frankfurt?« fragt sie dann.

»Nein«, sagt Tom leise. »Sie ist im Himmel. Beim Herrn Jesus. Im Paradiesgarten.«

»Nur ihr Erdenkleid – das liegt auf dem Friedhof von Siebenbergen, – gleich neben der Kirche«, fügt Toni hinzu. »Wir nennen ihn den ›Stillen Garten‹, – den Friedhof. Da sind wir gern und pflegen die Blumen auf ihrem Grab.«

Margit seufzt. »O wie traurig! Da habt ihr also keine Mutter mehr.«

»Es ist nicht so traurig«, sagt Toni tröstend, »denn wir haben sie ja gar nicht gekannt. Sie ist gestorben, als wir noch ganz klein waren – nur ein paar Tage alt. Wir sind immer bei Ally und Till auf dem Tannenhof gewesen. Hier sind wir zu Hause.«

»Das muß ich alles meiner Mami erzählen«, denkt Margit. »Die Zwillinge haben keine Mutter, und ihr Vater wohnt in Frankfurt. Sie haben nur eine Oma und einen Onkel. Und ich – ich habe ja eigentlich auch nicht mehr . . . nur meine Mutter, – aber das ist die Hauptsache!«

Was tut Tante Lilo?

Tom und Toni liegen in ihren schönen breiten Betten. Tom ist schon halb am Einschlafen, aber Toni ist noch hellwach. – »Du, Tom«, sagt Toni plötzlich, »erinnerst du dich doch noch an das, was Ally gesagt hat? Daß Tante Lilo hierher gekommen ist, um in Ruhe zu arbeiten. Was mag sie damit gemeint haben? Hast du mal gesehen, daß Tante Lilo arbeitet? Sie geht doch bloß spazieren mit Margit oder sitzt unter der Tanne.«

Tom gähnt und denkt nach. »Doch, sie hat schon mal geholfen beim Geschirrspülen und Abtrocknen.«

Toni schüttelt energisch den Kopf. »Das kann Ally nicht gemeint haben. Sie hat gesagt, daß Tante Lilo hier für sich arbeiten will.«

»Wir müssen aufpassen«, brummt Tom und gähnt wieder. »Dann werden wir es herausfinden.«

»Einmal war sie mit Margit am Waldrand und hat dort nach Walderdbeeren gesucht«, erinnert sich Toni. »Aber das kann Ally doch nicht gemeint haben?«

»Nein, hat sie nicht«, stimmt Tom zu und schläft nun endgültig ein.

»Wir müssen es herauskriegen«, denkt Toni, ehe auch ihr die Augen zufallen.

Am nächsten Tag beobachten Tom und Toni Tante Lilo. Morgens hilft sie Großmutter Tanner im Garten: sie pflückt grüne Erbsen und klaubt sie dann aus ihren Hülsen heraus. Diese Erbsen sollen eingefroren werden für den Winter. Am frühen Nachmittag macht Tante Lilo einen Spaziergang mit Margit. Später entdecken Tom und Toni Tante Lilo auf einem Baumstamm am Waldrand. Dort sitzt sie und hält einen Zeichenblock auf dem Schoß. Margit springt umher und pflückt Blumen, die sie ihrer Mutter bringt.

»Was tust du da, Tante Lilo?« fragt Toni. »Zeichnest du?«

»Ja, ich zeichne«, antwortet Tante Lilo. »Ich studiere die

Wiesenblumen und Gräser, die Margit für mich sucht und zeichne sie ab.«

»Ist das ein Hobby?« möchte Tom wissen.

»Nein«, erwidert Tante Lilo. »Das ist kein Hobby, das ist ein Teil von meinem Beruf. Ich arbeite für einen Kinderbuchverlag. Manchmal übersetze ich Bücher aus dem Englischen oder aus dem Amerikanischen ins Deutsche. Dann wieder illustriere ich ein Kinderbuch, – das heißt, ich mache Zeichnungen und male Bilder. Das macht viel Spaß. Kindern gefallen Bücher mit schönen bunten Bildern.«

Tom denkt nach und drückt seinen rechten Zeigefinger gegen die Nase. »Man kriegt wohl nicht viel Geld dafür«, murmelt er. Dabei denkt er an den kleinen grünen Volkswagen!

»Nein, nicht sehr viel«, bestätigt Tante Lilo. »Dein Onkel Till verdient auch nicht sehr viel mit seiner Landwirtschaft. Und doch können wir von unserer Arbeit leben, – er und ich. Sie macht uns Freude, unsere Arbeit. Und das ist am wichtigsten.«

Plötzlich hören die Zwillinge die Stimme ihrer Großmutter. Die Bäuerin ruft nach ihnen. Sie sollen die Kühe von der Weide nach Hause holen. »Kommst du mit, Margit?« fragt Tom.

Margit schüttelt das feine Köpfchen mit den blonden Locken. Sie hat ein bißchen Angst vor den Kühen und auch vor dem Schäferhund Harro.

»Der Harro tut nichts«, versichert Tom, »und die Kühe sind ganz friedlich und gemütlich. – Später – wenn ich erst größer bin – da hol ich mir ein kleines Wildschwein aus dem Wald und ziehe es auf: das wird dann mein Hund. Ein Mann in England hat das auch gemacht – hat Onkel Till erzählt. Der Mann war Schäfer, und das zahme Wildschwein bewachte seine Schafe – besser als ein Schäferhund. – Wenn dann ein Wolf kommt – oder ein Bär – wie bei König David, als er Hirtenjunge war, – dann brauchen wir gar keine Angst zu haben: mein tapferes Wildschwein jagt sie alle weg.«

Margit hat mit offenem Munde zugehört. Doch sie kann sich für ein Wildschwein noch weniger begeistern als für einen Schäferhund! – Jetzt ruft Frau Tanner zum zweiten Mal, und die Zwillinge laufen davon.

»Tom und Toni sind sich sehr ähnlich«, findet Margit. »Sie sind immer gleich angezogen. Kennst du sie auseinander, Mami?«

»Ach, eigentlich sind sie sich gar nicht so sehr ähnlich, man kann sie gut unterscheiden«, sagt Margits Mutter. »Denk mal nach, Margit!«

Margit tut es. Sie steckt dazu den linken Daumen in den Mund – obwohl ihre Mutter das nicht mag. »Jaa-a, Mami, – ich glaube, Tom hat mehr Sommersprossen auf der Nase; und Tonis Haar ist etwas dunkler und ein bißchen länger.«

»Warum wohl?« lächelt die Mutter. »Nun, weil Toni ein Mädchen ist.«

»Nein!« ruft Margit verdutzt. »Sie kann doch kein Mädchen sein. Sie klettert schneller als ihr Bruder, das habe ich selbst gesehen. Sie redet auch schneller; und sie zankt öfter.«

»Zanken tun sich leider alle – Buben wie Mädchen«, erwidert Frau Kingstone-Rosenbrink. »Und kleine Mädchen können genauso wild sein wie die Buben – und manchmal noch wilder. Aber du darfst mir glauben, daß Tom und Toni ein Zwillingspärchen sind. Sie sind hier auf dem Lande in großer Freiheit aufgewachsen, und ihre Großmutter hat natürlich nicht immer Zeit für sie.«

»Sie haben keine Mutter«, sagt Margit leise. Frau Kingstone-Rosenbrink schaut ihrer kleinen Tochter in die Augen. »Wir wollen sehr lieb zu ihnen sein, – nicht wahr?« – Ja, das möchte Margit.

Die Zwerge mit den langen Schwänzen

Margit blickt nachdenklich hinüber zum Wald und fragt ihre neuen Spielgefährten: »Sind dort die Zwerge drin? Habt ihr sie schon mal gesehen?«

»Die Zwerge?« wiederholt Toni verblüfft.

Margit nickt ganz ernsthaft. »Ja. Sie müssen dort sein. Ihr habt doch gesagt, daß dies Dorf in der Nähe ›Siebenbergen‹ heißt. Und hinter den sieben Bergen wohnen die sieben Zwerge.«

Jetzt geht Tom ein Licht auf. »Ach so, du denkst an das Märchen von Schneewittchen.«

Margit nickt. Sie kennt viele Märchen, und sie liebt sie sehr. Manchmal liest ihre Mutter ihr vor aus einem großen Märchenbuch, und manchmal erzählt sie ihr ein Märchen.

Tom drückt seinen rechten Zeigefinger gegen die Nase und denkt nach. Er möchte Margit nicht enttäuschen. Natürlich müssen die Zwerge irgendwo sein . . . Man sieht sie bloß nicht . . . Dann kommt ihm eine Erleuchtung. »Ja, die Zwerge sind dort im Wald«, erzählt er. »Am Tage hüpfen sie von Baum zu Baum. Sie haben einen schönen langen Schwanz und können sehr gut klettern.«

»Du meinst doch nicht etwa die Eichhörnchen?« fragt Toni mißtrauisch.

»Am Tage sehen sie fast so aus wie Eichhörnchen«, erklärt Tom. »Da kann man sie sehen. Aber in der Nacht sind sie richtige Zwerge. Nur kann man sie da nicht sehen, weil es stockdunkel ist unter den Bäumen.«

Toni kichert, und Margit macht große Augen. »Du meinst, sie können sich verwandeln?«

»Na klar, das können alle Zwerge«, behauptet Tom. »Nimm mal den Zwerg, der in unserm Garten steht! Tagsüber steht er bloß so da mit seinem kleinen Schubkarren und der Schaufel und der Hacke. Aber nachts! Da wird er lebendig und hackt und gräbt im Gemüsegarten.« – Vor Staunen steckt Margit ihren linken Daumen in den Mund. – »Habt ihr schon mal zugeschaut, wie er arbeitet in der Nacht?« möchte sie wissen. »Ich meine, wenn der Mond scheint!«

»Das darf man nicht«, sagt Tom geheimnisvoll. »Man darf nie zuschauen. Das können die Zwerge nicht leiden. Du weißt doch, wie das war mit den Heinzelmännchen in Köln, als die Schneidersfrau Erbsen streute, – nicht? Da waren sie alle weg, die Heinzelmännchen, – husch – husch – husch! Und keiner hat sie mehr gesehen. – Komm! Wir gehen jetzt in den Wald. Vielleicht sehen wir einen Zwerg mit einem langen Schwanz.«

»Ist es nicht gefährlich im Wald?« fragt Margit zaghaft. »Da sind vielleicht Räuber.«

Tom verneint. »Nicht in unserem Wald! Bei uns auf dem Tannenhof können sie auch nichts rauben, – wir haben kein Geld.«

»Oder Wölfe«, piepst Margit.

»Ach, du denkst an Rotkäppchen«, vermutet Tom. »Das war früher, – weißt du? Vor langer Zeit. Heute gibt es keine Wölfe mehr in unseren Wäldern. Im Sommer nie. Höchstens mal im Winter, wenn es ganz, ganz, ganz kalt ist. Dann ziehen die Wölfe in Rußland los und laufen immer weiter und weiter und weiter nach Westen – hat Ally gesagt. Zuerst kommen sie nach Polen und dann in die DDR. Vielleicht findet einer mal bis zu uns. Man hat bloß noch keinen gesehen.«

»Und die Wildschweine?« wendet Margit ein.

»Die mag ich besonders gern!« ruft Tom begeistert. »Ich will mir ja eins zähmen. Man darf nur nicht versuchen, der Wildschweinmutter eines von ihren Frischlingen – so heißen die Wildschweinkinder – wegzunehmen. Dann wird sie bös'. Das würde jede Mutter – deine auch. – Und nun komm!«

Tom und Toni fassen Margit an den Händen und ziehen sie mit in den Wald. Hier ist es still und kühl. Der Wind singt ganz leise in den Baumkronen. Der Waldboden ist mit einem dicken, grünen Moosteppich bedeckt, der wunderbar weich ist. Toni würde am liebsten barfuß laufen. Das hat Ally ihr verboten.

Es ist zu gefährlich. Man kann sich einen Glassplitter in den Fuß treten oder eine spitze Tannennadel, oder man wird in den Fuß gestochen – zum Beispiel von einer Ameise.

Ja, da krabbeln sie auf dem Waldboden herum, diese flinken, fleißigen kleinen Tierchen. Die Kinder schauen ihnen zu, wie sie Tannennadeln oder winzige, dürre Zweiglein zu ihrem Bau schleppen.

»Ein Ameisenhaufen ist sehr kunstvoll gebaut«, sagt Tom. »Man darf die Ameisen nicht stören; nur zugucken! Denn sie sind sehr nützliche Tiere für den Wald – hat Till gesagt.«

Und auf einmal sehen die Kinder auch ein Eichhörnchen. Wie geschickt es an den Baumstämmen hinauf – und hinunterklettert! Und wie hübsch es ist mit seinen munteren Äuglein und dem buschigen Schwanz! Sieht es nicht wirklich fast so aus wie ein munterer, kleiner, rotbrauner Wald-Kobold?

Im »Stillen Garten«

In den letzten Tagen ist es recht trocken gewesen. Da beschließt Frau Tanner, daß sie am späten Nachmittag nach Siebenbergen fahren werden, um dort auf dem Friedhof die Blumen zu begießen auf den Gräbern. Margit und ihre Mutter möchten auch mit, und Tante Lilo bietet sich an, alle hinüberzufahren in ihrem kleinen Volkswagen, der »Fröschle« heißt, weil er so grün ist wie ein Laubfrosch. Dies Angebot wird gerne angenommen. Die beiden Erwachsenen sitzen vorne und die drei Kinder hinten. Toni hat ihre eigene kleine Gießkanne mitgenomen; die vergißt sie nie.

Mitten in Siebenbergen liegt das schmucke kleine Kirchlein, und neben der Kirche ist der Friedhof. – Toni ist gerne im »Stillen Garten«, wo die Vöglein leise zwitschern in den hohen alten Bäumen, wo die bunten Sommerblumen blühen und die Schmetterlinge gaukeln.

Sie führt Margit gleich zum Grabe ihrer Mutter. Auf dem schönen, schlichten Stein steht oben ein Bibelspruch. Toni kennt ihn auswendig und sagt ihn auf für Margit: »Jesus spricht: Ich lebe, und ihr sollt auch leben.« Dann steht da nur noch der Geburts- und Sterbetag von Heide Osterwald, geborene Tanner.

»Auf dem Grab unsrer Mutter muß das ganze Jahr hindurch etwas blühen«, erklärt Toni ihrer neuen Freundin. »Im Frühling sind es die Primeln und ein paar Tulpen; im Sommer die Rosen, die Lilien und die kleinen Dahlien; im Herbst die Astern und dann die Winterheide.«

Toni arbeitet tüchtig, so daß ihr der Schweiß auf der Stirne perlt. Sie bewässert nicht nur das Grab ihrer Mutter sehr gründlich, sondern begießt auch andere Blumen, die ihre Köpfchen hängen lassen vor Hitze. Neben dem Eingang zum Friedhof ist ein Wasserhahn, und so läuft Toni ständig hin und her mit ihrem Gießkännchen, bis sie ganz erschöpft ist. – »Du willst wohl gleich den ganzen Friedhof tränken«, brummt Tom. Toni fängt mit leiser, klarer Stimme an zu singen:

»Ward ein Blümlein mir geschenket,
hab's gepflanzt und hab's getränket,
Vöglein, kommt und gebet acht!
Gelt, ich hab es recht gemacht.

Sonne, laß mein Blümlein sprießen!
Wolke, komm, es zu begießen!
Richt empor dein Angesicht,
liebes Blümlein, fürcht dich nicht!

Sonne ließ mein Blümlein sprießen,
Wolke kam es zu begießen;
jedes hat sich brav gemüht,
und mein liebes Blümlein blüht.«

Am Abend sitzen alle Tanners mit ihren Feriengästen auf den weißen Gartenstühlen und der weißen Bank unter der großen Tanne. Margit sitzt so richtig gemütlich auf dem Schoß ihrer Mutter. Verstohlen schiebt sie ihren linken Daumen in den Mund.

Da schmiegt sich Toni an die Knie ihrer Großmutter und bittet: »Ally, laß mich auch auf deinem Schoß sitzen!«

»Aber du bist ja nicht mehr so klein wie Margit, sondern schon ein großes, kräftiges Mädel, das bald zur Schule kommt«, findet die Bäuerin.

»Nein, ich bin noch nicht groß – ich bin klein!« behauptet Toni. Da versteht die Großmutter, daß Toni sich nach ihrer Mutter sehnt, auf deren Schoß sie nie gesessen hat. Also nehmen die Großmutter Toni und Till seinen Patensohn Tom auf den Schoß. Dann werden Abendlieder angestimmt, während oben in den Tannen der Abendwind ganz sacht rauscht. Tante Lilo und Margit kennen viele Abendlieder; Tom und Toni kennen nur eines, und das singen sie jetzt:

»Müde bin ich, geh zur Ruh,
schließe beide Äuglein zu.
Vater, laß die Augen dein
über meinem Bette sein!

Hab ich Unrecht heut getan,
sieh es, lieber Gott, nicht an!
Deine Gnad und Jesu Blut
macht ja allen Schaden gut.«

»Ich bin froh, daß ich heute kein Unrecht getan habe«, denkt Toni. »Auf jeden Fall kann ich mich an nichts erinnern . . .« – Auf einmal sind die Kinder wirklich sehr müde geworden und lassen sich gern zu Bett bringen.

Die kranke Olga

Tom und Toni wachen mitten in der Nacht auf. Es ist so seltsam unruhig auf dem Tannenhof. Da hört man Türen schlagen und Stimmen murmeln, und drüben im Stall brennt Licht. Tom guckt zum Fenster hinaus, und Toni hat die Tür des Grünen Zimmers geöffnet und späht hinaus in den Flur. Nebenan im Rosenzimmer regt es sich auch. Tante Lilo fragt schlaftrunken durch den Türspalt: »Was ist denn los? ein Gewitter? Hat der Blitz eingeschlagen?«

Eben kommt die Bäuerin den Flur entlang geschritten und beruhigt die erregten Gemüter: »Legt euch nur wieder schlafen! Es ist nichts weiter – etwas ganz Alltägliches auf einem Bauernhof: Olga, eine unserer besten und liebsten Milchkühe, kriegt ein Kalb. Till hat einen Freund aus Siebenbergen zu Hilfe geholt, den jungen Runkel-Bauern.« – Die Zwillinge und die Feriengäste kriechen wieder in ihre Betten und schlafen weiter. Das Kälbchen werden sie sich am andern Morgen ansehen.

Ja, das Kälbchen ist gesund und munter und sehr niedlich. Aber was ist denn mit Olga los? Frau Tanner und ihr Sohn machen besorgte Gesichter. »Zuerst ist alles gut gegangen«, erzählt die Bäuerin. »Als Olga dann wieder aufstehen wollte, rutschte sie mit den Beinen seitlich auseinander. Sie muß sich das Kreuz verknackst haben, denn sie konnte nicht mehr aufstehen, – die Ärmste. Wir wollen den Tierarzt kommen lassen. Vielleicht kann er Olga helfen. Sie ist ja noch jung, hat erst zum 3. Mal gekalbt.«

Der Tierarzt kommt am Nachmittag. Er macht ein bedenkliches Gesicht. Dann tut er alles, was er für die arme Olga tun kann. Aber sie hat keine Kraft mehr zum Aufstehen. »Wenn sie in den nächsten Tagen nicht hochkommt«, seufzt er, »dann muß sie zum Schlachten fortgebracht werden. Drehen Sie das

Tier mit Hilfe Ihres Nachbarn zweimal am Tage um, damit es von allen Seiten durchblutet wird.«

Frau Tanner und Till sind sehr traurig. Sollen sie ihre beste Milchkuh verlieren? – »Jetzt bleibt nur noch ein Weg übrig«, sagt die Bäuerin. »Wir wollen Gott darum bitten, daß er unserer Olga hilft.« – Tom und Toni nicken eifrig.

Tante Lilo blickt Frau Tanner zweifelnd an. »Kann man das denn? Beten für ein Tier?« fragt sie.

»Wir haben auch für unseren Hund Harro gebetet, als er von einem Auto angefahren war«, rufen die Zwillinge voller Eifer. »Der Tierarzt sagte, er weiß nicht, wie es wird, aber Harro ist wieder ganz gesund geworden.«

»In der Bibel – nämlich in Psalm 36, Vers 7 – steht: »Herr, du hilfst Menschen und Vieh«, sagt die Bäuerin. »Wir dürfen Gott alles sagen und all unseren Kummer klagen – auch die Not um eine kranke Kuh.«

Es vergehen zwei Tage. Olga liegt immer noch am Boden und kann nicht aufstehen. Till hat den Viehhändler bestellt. Tom und Toni schleichen traurig umher. »Ach, und wir haben so gebetet!« klagen sie.

»Wir müssen alles, was Gott uns schickt, aus seiner Hand annehmen«, sagt die Großmutter.

Till und der Viehhändler binden Olga ab und ziehen sie zur Stalltür. Dort sackt sie erschöpft zusammen. »Holen Sie den Traktor«, sagt der Viehhändler. »Ich bringe ein Seil. Wir müssen sie zu meinem Auto ziehen«. Till fährt eben zur Stalltür, da macht Olga einen »Rumpler« und steht plötzlich vor der Tür auf den Beinen! Alle sind fassungslos vor Staunen. Olga ist gerettet! Frau Tanner führt ihre geliebte Kuh noch ein wenig im Hof herum und dann in den Stall zurück. Tom und Toni jubeln und streicheln Olga.

»Herr, wir danken dir von ganzem Herzen, daß du ein Wunder getan und unsere Olga gesund gemacht hast!« betet Frau Tanner bei der Abendandacht nach dem Abendessen.

»Das werde ich nie vergessen«, sagt Tante Lilo leise.

Die Burg über dem See

Tante Lilo macht einen Ausflug mit den Kindern. Zuerst fahren sie mit dem »Fröschle«; nachher laufen sie noch ein Stück. Till hat ihnen den Weg beschrieben. Sie wandern mitten durch den Wald, und dann ist da plötzlich ein stiller, dunkler Weiher, und auf einer kleinen Anhöhe über dem Weiher erheben sich die Reste einer Burg.

»Da hat früher ein Ritter drin gewohnt«, murmelt Tom.

»Oder ein König«, sagt Margit.

»Vielleicht war es auch ein Raubritter, der die Kaufleute, die durch den Wald zogen, ausgeraubt hat«, meint Toni. – Mit einemmal fängt Tante Lilo an, ein Lied zu singen – ein Lied von der »Burg über dem See«:

»Es freit' ein wilder Wassermann
in der Burg wohl über dem See,
des Königs Tochter mußt' er han,
die schöne, junge Lilofee.

Sie hörte drunten die Glocken gehn,
im tiefen, tiefen See,
wollt' Vater und Mutter wiedersehn,
die schöne, junge Lilofee.

Und als sie vor dem Tore stand,
auf der Burg wohl über dem See,
da neigt' sich Laub und grünes Gras
vor der schönen, jungen Lilofee.

Und als sie aus der Kirche kam,
von dem Berg wohl über dem See,
da stand der wilde Wassermann
vor der schönen, jungen Lilofee.

»Sprich, willst du hinunter gehn mit mir
von der Burg wohl über dem See,
deine Kindlein unten weinen nach dir,
du schöne, junge Lilofee.«

»Und eh ich die Kindlein weinen lass'
im tiefen, tiefen See,
scheid' ich von Laub und grünem Gras,
ich arme, junge Lilofee.« –

Toni gefällt das Lied von der schönen, jungen Lilofee. Sie möchte es auch lernen und bittet: »Noch einmal, Tante Lilo!« Margits Mutter erfüllt ihre Bitte, und Toni summt schon leise mit.

Auch Tom hat gut zugehört. Ihn beschäftigen andere Gedanken. Er drückt den rechten Zeigefinger gegen seine Nase und denkt scharf nach. – »Sag mal, Tante Lilo«, fragt er dann, »warum hat denn der König in der Burg über dem See seine schöne Tochter dem wilden Wassermann zur Frau gegeben?«

Das weiß Tante Lilo auch nicht, denn es steht nicht drin in dem Lied. Tom denkt noch mehr nach und meint dann: »Vielleicht hat er Angst gehabt, der König, vor dem wilden Wassermann. Der See war ja sehr, sehr tief, und er konnte vielleicht das Wasser aufrühren, der wilde Wassermann. Und dann steigen die Wellen und steigen und steigen – haushoch! Dann wäre die ganze Burg überschwemmt worden.«

Tante Lilo nickt. »Ja, wer weiß! So könnt es gewesen sein. Er mag Angst gehabt haben, der König.«

»Und der Wassermann, der hatte vielleicht ein schönes, gläsernes Schloß da unten im See«, sagt Toni, »und Perlen und Gold und funkelnde Steine . . .«

»Aber deswegen hätte die schöne, junge Lilofee ihn nicht genommen!« ruft Tom hitzig. »Nur, sie hatte nichts zu sagen. Damals haben die Könige die Prinzessinnen verheiratet.«

Margit starrt gebannt hinunter in den Weiher. »Vielleicht ist er noch da unten, der wilde Wassermann . . . Kommt, wir wollen lieber nach Hause fahren, auf den Tannenhof.«

Abends im Bett singt Toni leise das Lied vom wilden Wassermann. »Ich nenne Tante Lilo jetzt immer ›die schöne, junge Lilofee‹«, erzählt Tom. »Das paßt zu ihr.«

»Und wo ist ihr wilder Wassermann?« möchte Toni wissen. »Ich meine, der sie geheiratet hat. Dieser Königstein! Er könnte sie und Margit doch mal besuchen kommen.«

»Vielleicht mag sie nicht darüber sprechen«, brummt Tom. »Ich werde sie trotzdem fragen!« verkündet Toni.

Eine lange und traurige Geschichte

Am nächsten Abend sitzen alle wieder auf den weißen Gartenmöbeln unter der Tanne. Da fragt Toni: »Du, Margit, kommt euer Papi euch mal besuchen?«

Margit schüttelt das feine Köpfchen mit den blonden Locken. »Nein, der kommt nicht.«

»Wohnt er auch in Bad Homburg?« bohrt Toni weiter.

Wieder verneint Margit. »Nein. In Amerika.«

»Und er besucht euch nie?«

»Nein«.

»Ach, das ist eine lange und traurige Geschichte«, seufzt Tante Lilo. »Ich will sie euch trotzdem erzählen. Es ist gut, wenn meine kleine Tochter sie immer wieder hört. Sie muß ja schließlich wissen, wer ihr Vater ist, und wie es kommt, daß wir allein geblieben sind.

Mein eigener Vater ist früh gestorben. Trotzdem hatte ich eine glückliche Kindheit und Jugendzeit, denn meine Mutter und ich – wir beide verstanden uns sehr gut. Mit irdischen Gütern waren wir nicht gesegnet, aber das machte uns nichts aus. Wir stellten keine hohen Ansprüche und brauchten keine Not zu leiden.

Ich lernte gern und gut und war besonders begabt für Fremdsprachen. Deshalb sollte ich nach Heidelberg gehen, nachdem ich die Schule beendet hatte, um dort Fremdsprachen zu studieren – besonders Englisch und Französisch. Das Geld für mein Studium mußte ich mir zum größten Teil selbst verdienen in den Ferien. Ich nahm jede Aushilfsarbeit an, die ich nur finden konnte. Bald arbeitete ich als Bedienung in einem Café, – bald machte ich Urlaubsvertretung in einem Supermarkt.

In Heidelberg konnte ich mir nur ein winziges Dachkämmerchen leisten: das war meine »Studentenbude«. Das alte Haus, zu dem diese Kammer gehörte, lag außerdem draußen am Stadtrand, so daß ich weite Strecken zurücklegen mußte mit meinem alten Fahrrad. Doch das alles machte mir nichts aus; ich fand das Leben trotzdem herrlich und Heidelberg wunderschön.

Eines Nachmittags wurde ich in der Stadt – es war in der Nähe des Schlosses – von einem jungen Ausländer angesprochen, der nur wenig oder gar kein Deutsch verstand. Er wollte etwas über das Schloß wissen und war entzückt, als ich ihm alles so schön auf Englisch erklärte. Ich merkte bald, daß er wenig Ahnung von Geschichte hatte und sah hier eine Aufgabe für mich. Außerdem war es eine gute Übung, wenn ich mich auf Englisch mit ihm unterhielt.

Er war ein ausgesprochen netter junger Mann, fröhlich und unbeschwert, heiter und offenherzig und sehr gutmütig. Gleich stellte er sich mir vor: »Ted Kingstone«. Die Kurzform »Ted« ist wohl von Theodor abgeleitet.

Jetzt ist Margit ganz Ohr. »Wie sah er aus?« möchte sie wissen.

»Er war ein richtiger Hüne, sehr groß und breitschultrig«, erzählt Frau Rosenbrink, »mit glattem, blondem Haar, gebräunter Haut, einem großen Mund, der gerne lachte und kräftigen, blendend weißen Zähnen. – Es dauerte eine ganze Weile, bis ich herausbekam, was er eigentlich in Heidelberg trieb. Er war ein sehr guter Basketball-Spieler und hatte in seiner Heimat – in den Vereinigten Staaten – in einer erfolgreichen College-Mannschaft gespielt. Einer seiner Mannschaftskameraden hatte einen Job angenommen als Trainer bei der Universitäts-Mannschaft von Heidelberg. Es gefiel ihm so gut in der schönen Stadt am Neckar, daß er seinen Freund Ted Kingstone aufforderte, ihn zu besuchen. So war Ted nach Heidelberg gekommen. Er war begeistert von allem, was er sah und erlebte und ließ sich's wohl sein. Sorgen schien er nicht zu kennen. Zeit hatte er, Geld hatte er auch, und seit er ein Mädchen namens Liselotte Rosenbrink, das er bald Lilo nennen durfte, kennengelernt hatte, war sein Glück vollkommen.

Ted hatte sich ein Auto gemietet und lud mich ein zu

Ausflügen und Spazierfahrten. Deutschland fand er einfach »wonderful« – und Lilo auch. Er führte mich zum Essen aus in feine Lokale und überhäufte mich mit Geschenken. Das alles war ganz ungewohnt für mich, denn wir hatten ja unser Leben lang rechnen müssen, meine Mutter und ich. Ich stellte Ted meiner Mutter vor. Sie mochte ihn gut leiden und nannte ihn »Teddy«. Bald nannte auch ich ihn so, ich fand, es paßte zu ihm.

Eines Tages überraschte mich Teddy damit, daß er mir sagte, wir wollten ganz schnell heiraten. Als ich vor Erstaunen stumm blieb, fragte er mich beunruhigt: »Hast du mich denn nicht gern, Lilo? Willst du nicht meine Frau werden? Oh, ich liebe dich so sehr! Ich könnte nie ein anderes Mädchen heiraten. Und ich kann nicht länger warten. Es muß bald geschehen – ganz bald.«

»O doch, Teddy, ich habe dich sehr gern«, erwiderte ich zögernd. »Aber das kommt so plötzlich! Wir sind beide noch sehr jung, und wir kennen uns noch nicht lange.«

»Wir kennen uns lange genug, und wir sind beide mündig«, widersprach Ted. »Es hat keinen Sinn zu warten. Ich muß vielleicht bald zurück in die Vereinigten Staaten. Diese Europareise war sozusagen meine letzte Gnadenfrist, mein letzter Ausflug in die Freiheit. Ich bin der einzige Sohn – habe nur noch zwei ältere, schon verheiratete Schwestern – und muß in die Firma meines Vaters eintreten und sie später übernehmen. Dazu bin ich erzogen worden. Etwas anderes habe ich nicht gelernt. Es ist eine sehr gute Firma, wir werden keinen Mangel leiden müssen, meine Liebste. Ja, ich werde dich nach Strich und Faden verwöhnen dürfen. Aber zuerst muß geheiratet werden, und zwar bald.«

Meine Mutter fand auch, wir sollten lieber noch etwas warten, doch Ted blieb in diesem Punkt unnachgiebig. »Es muß sein«, betonte er immer wieder und erzählte uns von seinem Lieblingsonkel Brian, dem Bruder seiner Mutter, der herüberkommen, die nötigen Papiere mitbringen und alles für uns regeln würde.

»Und deine Eltern?« fragte ich. »Werden sie nicht zu unsrer Hochzeit kommen?«

»Das geht leider nicht«, erwiderte Ted rasch. »Mein Vater ist unabkömmlich im Geschäft, und meine Mutter scheut die weite Reise. Sie ist von zarter Gesundheit. Onkel Brian wird meine Eltern vertreten.«

Onkel Brian gefiel mir gut, er hatte die gleiche Art wie Ted: offenherzig, freundlich, gutmütig. Nur äußerlich war er anders, er war nicht so groß und nicht so kräftig. Er versicherte mir, daß er Teds Wahl sehr gut verstehen könne, daß ich ein reizendes Mädchen sei und eine wunderschöne Braut. Wir feierten eine schlichte, stille und doch sehr schöne Hochzeit. Ich fand es nur schade, daß meine Mutter so wenig Englisch konnte. Onkel Brian sprach kein Deutsch und Ted sowie sein Freund, der Trauzeuge gewesen war, nur wenige Brocken.

Ehe Onkel Brian abreiste, versprach er noch einen »Aufschub« für Ted zu erwirken, damit wir ungestört unsere Flitterwochen verbringen konnten. Ted hatte eine hübsche, möblierte Wohnung gemietet. Dort lebten wir und waren glücklich. – Dann fiel ein Schatten über unser Glück. Meine Mutter hatte sich schon seit einiger Zeit nicht mehr wohlgefühlt. Sie war oft müde und nahm zusehends ab. Endlich konnte ich sie überreden, sich gründlich untersuchen zu lassen. Der Arzt sagte, sie müßte operiert werden und zwar bald. Ich machte mir große Sorgen.

Gerade um diese Zeit wurde Ted von seinem Vater aufgefordert, nach Hause zu kommen. Er werde in der Firma gebraucht. – »Ich werde die Flugkarten bestellen«, sagte er hastig. »Wie gut, daß wir nicht viel mitzunehmen haben! Die paar Sachen sind schnell gepackt. Wir werden bei Onkel Brian wohnen, das hat er mir schon angeboten.«

Ich blickte meinen Mann erstaunt an. »Das geht jetzt nicht, Ted«, erklärte ich ihm. »Ich kann meine Mutter nicht im Stich lassen. Sie steht vor einer schweren Operation.«

Ted lächelte nervös. »Wir nehmen sie mit, Liebling. Klarer Fall. Onkel Brian hat ein großes Haus. Da ist Platz genug für uns alle. Wir haben auch gute Ärzte. Sie wird in den Staaten operiert werden.«

Das war unmöglich. Meine schwerkranke Mutter hätte es nicht überstanden. »Fahr du alleine, Ted«, sagte ich. »Ich komme dann später nach.«

Da wurde mein sonst so ruhiger und heiterer Mann ganz aufgebracht. »Du mußt mit, Lilo, – du bist meine Frau. Ohne dich kann ich nicht abreisen.«

Ich verstand ihn nicht. Wir stritten uns – zum ersten Mal in unserem Leben. Ich konnte nicht nachgeben – und er wollte es auch nicht. – »Du wirst es bereuen, Lilo, – du wirst es bereuen«, das waren seine letzten Worte auf dem Flugplatz.

Meine Mutter wurde operiert. Die Ärzte sagten mir die Wahrheit: es war zu spät. Sie würde vielleicht noch eine Zeitlang leben. Gesund würde sie nicht mehr. – Von Ted hörte ich wenig. Onkel Brian telefonierte öfter mit mir. Er war sehr lieb und gütig. Von ihm erfuhr ich, was Ted mir nie gesagt hatte: Teds Vater war ein sehr energischer, bestimmender Mensch. Ted hatte sich niemals gegen ihn durchsetzen können, seine zarte Frau – Onkel Brians Schwester – auch nicht. Teds Eltern hatten längst ein Mädchen ausgesucht für ihren Sohn, aus einer vermögenden und einflußreichen Familie. Die beiden Familien waren seit Jahren befreundet. Das war mit ein Grund, weshalb Ted die »Flucht« ergriffen und nach Europa gereist war.

»Das Schlimme ist, daß Ted geldlich von seinem Vater abhängig ist«, sagte Onkel Brian. »Und er ist es gewöhnt, in Reichtum und Luxus zu leben. Aber sei tapfer, mein Kind, und verliere nicht den Mut. Ich werde alles für euch tun, was in meiner Macht steht.«

Dann ist Onkel Brian plötzlich gestorben. Da wußte ich, daß es aus war. Ich würde meinen Mann niemals wiedersehen. Sein Vater beauftragte einen Rechtsanwalt. Der sollte die Scheidung vorantreiben. Da wir nur so kurze Zeit verheiratet gewesen waren, ging alles einfach. Es hatte kaum Sinn, sich zu wehren. Sie wollten mich nicht in ihrer Familie haben, die

Kingstones, und ich wäre auch nie glücklich geworden in ihrer Mitte. Ich wollte nichts von ihnen haben. Der gute Onkel Brian hatte mir in seinem Testament eine Geldsumme vermacht, und die nahm ich auch an, denn sie kam aus einem gütigen Herzen. Ich konnte sie gut gebrauchen für das Baby, das ich erwartete. Es würde mir allein gehören. Vielleicht hätten die Kingstones sich anders verhalten, wenn sie etwas davon gewußt hätten. Aber wir hätten nie bei ihnen leben können, mein Baby und ich.

Das Enkeltöchterchen war die letzte Freude meiner Mutter. Sie liebte es sehr, und ich nannte es nach ihr. Sie hieß Margarethe, und Margit ist ja eine andere Form dieses Namens. – Leider wirst du dich nicht mehr an deine liebe Oma erinnern können, Margit. Sie starb, ehe du dein 1. Lebensjahr vollendet hattest. – Ja, dann gibt es nicht mehr viel zu erzählen. Ich hatte eine Tante in Bad Homburg, eine Schwester meiner Mutter. Diese Tante Else forderte mich auf, zu ihr zu ziehen, in ihr gemütliches altes Haus mit Ofenheizung; es liegt ruhig am

Stadtrand und hat einen Garten. – Und dort leben wir. Ich bin glücklich, daß ich für einen Verlag arbeiten darf. So kann ich daheim bleiben bei meinem Kind.

Unsere Kinder werden diese Geschichte wohl noch nicht ganz verstanden haben. Doch hoffe ich, daß du es eines Tages nachempfinden wirst, Margit: du hast einen guten Vater gehabt, der deine Mutter sehr lieb hatte. Nur waren wir beide noch zu jung und nicht selbständig und unabhängig. Dann sollte man noch nicht heiraten. Es ist zu schwer.«

Nun ist es ganz still unter den Tannen. Keiner spricht ein Wort. Alle sind bewegt vom Schicksal Tante Lilos.

Toni öffnet zuerst wieder ihren Mund. Sie wendet sich an Margit. »Vielleicht kommt er eines Tages doch wieder, dein Papi; aus Amerika. Wenn der böse Opa gestorben ist . . .«

»Nein, er kommt nicht wieder«, antwortet Tante Lilo. »Er hat inzwischen das reiche Mädchen geheiratet, das seine Eltern ihm zugedacht hatten.«

Abends im Bett sagt Tom zu Toni: »Es ist kein wilder Wassermann gewesen, der die schöne junge Lilofee geheiratet hat. Es war ein Teddybär. Wir aber – wir haben lieber eine Mutti im Paradiesgarten als einen Papi in Amerika, der nie kommt und der eine andre Frau geheiratet hat – dieser Teddybär!«

»Ein Bär?« murmelt Toni in ihr Kopfkissen hinein. »War er nicht. Nein; der nicht. Der war ein Angsthase.«

Wenn Besuch kommt . . .

»Bald werden wir Besuch bekommen«, sagt Frau Tanner eines Tages zu den Zwillingen.

»Au fein!« freut sich Toni. – Tom ist vorsichtiger. Er fragt: »Wer ist es denn?«

Die Großmutter antwortet: »Es ist meine Freundin Emilie Lieberwirt aus dem Luftkurort Lindenhain.«

Tom macht ein langes Gesicht; er mag Tante Emilie nicht besonders. – »Bringt Tante Emilie Linda mit?« möchte Toni wissen. Linda ist Tante Emilies Tochter, und sie ist mit Till Tanner verlobt.

»Ja, Linda wird mitkommen«, erklärt die Großmutter. Darüber freuen sich die Zwillinge, denn mit Linda Lieberwirt verstehen sie sich gut. – »Ihr werdet für ein paar Tage das Grüne Zimmer räumen müssen«, fährt die Bäuerin fort.

»W-was? U-unser Z-zimmer?« stottert Tom. Vor Schreck hat es ihm fast die Sprache verschlagen. – Toni wirft ihrem Bruder einen mitleidigen Blick zu. Sie weiß, wie sehr er an dem Grünen Zimmer und an seinem geliebten Heia-Bettchen hängt. Sie muß der Großmutter etwas anderes vorschlagen: »Tante Emilie und Linda können doch im Blauen Zimmer schlafen. Das ist ja frei.«

»Ja, frei ist es«, bestätigt Frau Tanner. »Nur hat es keine Morgensonne, sondern Abendsonne. Meine Freundin Emilie muß unbedingt ein Zimmer mit Morgensonne haben; sonst schläft sie abends nicht ein und wacht morgens nicht auf.«

Tom stampft wütend mit dem Fuß auf. »Na, und ich? Ich kann auch nicht schlafen in einem fremden Bett, weder abends noch morgens.«

»Du bist ja noch so jung«, beschwichtigt ihn die Großmutter. »In deinem Alter schläft man in jedem Bett.«

»Ich nicht! ich tu' kein Auge zu!« schreit Tom.

Frau Tanner nimmt seinen Wutanfall nicht ernst. »Meine

Freundin Emilie kommt so selten zu mir und und bleibt immer nur für kurze Zeit – da könnt ihr schon mal auf das Grüne Zimmer verzichten. Wenn das Rosenzimmer frei wäre, bekäme sie das Rosenzimmer. Das hat sie sowieso am liebsten. Aber jetzt wohnen unsere Feriengäste darin. – Und nun hör auf zu maulen, Tom, und roll nicht deine Augen! In der Bibel steht, daß wir gastfrei sein sollen, ohne dabei zu murren.«

Tom bleibt eigensinnig: »Es steht nicht drin, daß man dem Gast sein eignes Bett geben soll, wenn noch andere Betten frei sind.«

Die Bäuerin achtet gar nicht mehr auf seine Reden. Sie hat schon angefangen, das Grüne Zimmer gründlich aufzuräumen und zu putzen. »Oho! da ist ja eine Spinne! Wir werden gut aufpassen müssen. Meine liebe Freundin Emilie hat leider Angst vor Spinnen, kann sie nicht ausstehen.«

Toms Wut verrauscht. Er bleibt mitten im Zimmer stehen und drückt seinen rechten Zeigefinger gegen die Nase, um besser nachdenken zu können. Und das hilft! Schon hat er eine Idee. Er gibt seiner Schwester ein Zeichen. Die beiden schleichen sich hinaus und suchen sich ein Eckchen, wo sie ganz ungestört sind. Tom erzählt Toni flüsternd von seinem Plan.

Toni nickt begeistert. »Au ja! Du bist große Klasse, Tom! Das wird uns helfen. Sie soll ruhig ins Blaue Zimmer gehen, die Tante Emilie. Die denkt bloß, sie sei was Besonderes, weil sie im Luftkurort Lindenhain den schönen Gasthof ›Zur Linde‹ haben. Ein Glück, daß Linda anders ist!«

Tom nickt ernsthaft. »Ja, Linda ist anders. Die ist gar nicht eingebildet, – obwohl sie viel gelernt hat und sehr gut kochen kann. Und der macht es auch nichts aus, im Blauen Zimmer zu wohnen. Da hat sie schon oft geschlafen.«

Die große Spinnenjagd

Am nächsten Morgen sind Tom und Toni schon früh unterwegs. Sie haben eine Schachtel mitgenommen und schleichen im Stall und in der Scheune umher. Till beobachtet sie und erkundigt sich: »Was macht ihr denn da? Weshalb kriecht ihr überall in den Ecken herum? Ihr werdet euch noch ganz schmutzig machen!«

Tom zögert einen Augenblick; dann verrät er es doch: »Wir fangen Spinnen!«

»Das solltet ihr nicht tun«, ermahnt sie der junge Bauer. »Spinnen sind sehr nützliche Tiere – besonders hier im Stall. Sie fangen das Ungeziefer in ihren Netzen. Diese Netze sind wahre Kunstwerke. Kommt, wir wollen uns mal eines näher ansehen! – Ist es nicht wie ein kleines Wunderwerk, dieses Netz, so zart und schön! Die Spinne vollendet es meistens in einem Tag oder in einer Nacht. Dann sitzt sie in der Mitte ihres Netzes und wartet auf Beute. Manchmal läßt sie sich auch an dem einen Ende ihres Netzes unter einem Blatt oder an einem andern geschützten Plätzchen nieder. Aber dann bleibt sie durch einige straff gezogene Fäden, die ihr als »Telegrafendrähte« dienen, immer mit dem Mittelpunkt ihres Netzes in Verbindung. Kommt eine Beute angeflogen, so spürt sie die Erschütterung in ihrem »Draht«. Oh, da hat sich eine Fliege im Netz verfangen! Schnell stürzt die Spinne aus ihrem Hinterhalt hervor. Dabei bewegt sie sich immer vorsichtig. Zuerst läuft sie mit ihren acht Beinen zur Mitte und von dort zu der Stelle, wo sich die Fliege im Netz verwickelt hat. Noch strampelt und summt sie, bis die Spinne sie rasch durch einen Biß tötet. Machmal frißt sie ihre Beute sofort auf, wenn sie nämlich sehr hungrig ist. Ein andermal spinnt sie die Fliege ein und läßt sie noch eine Weile als »Vorrat« hängen. – Seht, Kinder, so interessant und nützlich sind die Spinnen. Nicht wahr, wir wollen sie nicht töten – auch wenn manche Menschen sie nicht leiden können.«

»Wir töten sie doch gar nicht«, versichert Tom. »Wir wollen sie bloß fangen und – und – und sie – umsiedeln!« –

»Ja, die möchten auch mal Abwechslung haben, die Spinnen!« fällt Toni schnell ein.

»Ach so – die sollen wohl mal ins Grüne – in die Sommerfrische?!« lacht Till. »Jawohl, ins Grüne!« kichert Toni.

»Na, dann will ich euch den Spaß nicht verderben«, brummt Till und wendet sich wieder seiner Arbeit zu. –

Am Nachmittag hält ein Auto vor dem Tannenhof. Linda Lieberwirt hat es gesteuert. Sie und ihre Mutter steigen aus und werden herzlich empfangen von der Bäuerin und ihrem Sohn. Frau Tanner führt die lieben Gäste ins Grüne Zimmer. Linda trägt das Gepäck herein. Till hilft ihr dabei. Frau Emilie Lieberwirt fängt gleich an, sich gemütlich einzurichten im Grünen Zimmer. Tom und Toni stehen abwartend bei der Tür herum. Plötzlich stößt Lindas Mutter einen lauten Schrei aus: »Eine Spinne! O wie gräßlich!«

»Wie ist das möglich?« wundert sich Frau Tanner. »Ich habe das Zimmer ganz gründlich gesäubert – bis in alle Ecken!«

»Sie ist vielleicht zum Fenster hereingekrochen«, sagt Tom scheinheilig.

»Da – da – ist noch eine – hier – direkt auf dem Bett!« stöhnt Frau Lieberwirt und sinkt auf den nächsten Stuhl.

»Hier fühlen sie sich wohl – weil sie nämlich gern ins Grüne gehen«, behauptet Toni. »Das hat Till gesagt!«

»Schau doch mal im Blauen Zimmer nach, Tante Emilie«, schlägt Tom vor. »Vielleicht sind dort keine Spinnen. Ich glaube, blau mögen sie nicht besonders.«

Verdutzt starrt Frau Lieberwirt den Jungen an. Sie folgt ihm aber doch zögernd zum Blauen Zimmer. Nein, hier ist nirgends eine einzige Spinne zu entdecken. Also wird schnell umgeräumt. Alle helfen mit.

Beim Abendbrot wendet sich Frau Lieberwirt an Till: »Wie

bist du denn darauf gekommen, daß Spinnen eine Vorliebe für grün haben?«

Till macht ein verblüfftes Gesicht. Da versetzt ihm Tom schnell einen leichten Tritt unter dem Tisch und blickt ihn beschwörend an. – »Ach so«, murmelt Till, »ja, ja, die Spinnen, – die möchten gern ins Grüne. Woher ich das weiß? Wahrscheinlich aus einer Fachzeitschrift. Da steht immer allerhand über Tiere drin. – Ich bin nur froh, daß sich die Zwillinge nicht vor Spinnen fürchten. Sonst müßten wir das Grüne Zimmer in Zukunft leer stehen lassen. Na, wenn es wieder tapeziert wird, kommt eine andere Tapete hinein.«

Später gehen Tom und Toni wieder auf Spinnenjagd – diesmal im Grünen Zimmer. Einen Teil der gefangenen Spinnen bringen sie in den Stall zurück; die andern kommen in den Garten – in die »Sommerfrische«!

Was große Leute sich erzählen

Tom und Toni haben ein Huhn beobachtet, das immer wieder zwischen den Tannen verschwindet. Vielleicht hat es dort ein Nest, in das es seine Eier legt? Das müssen sie herausfinden! Sie krabbeln zwischen den Tannen umher und entdecken tatsächlich das Nest mit den Eiern.

Auf einmal hören sie Stimmen. Die Großmutter und ihre Freundin sitzen auf den weißen Gartenmöbeln bei einem Täßchen Kaffee. Tom und Toni können ihre Stimmen deutlich hören. Sie hocken sich unter die Tannen und lauschen.

»Wie schön, daß du mal wieder bei mir bist, Milly«, sagt Frau Tanner. »Sonst konntest du doch nie fort im Sommer.«

»Ich hätte es auch jetzt nicht gekonnt, wenn wir nicht gerade die Handwerker im Haus hätten«, erwidert Frau Lieberwirt. »Es mußten ein paar dringende Reparaturen gemacht werden. So lange ist die Gastwirtschaft geschlossen. Linda hat mich auch schon sehr gedrängt – na ja, kann man verstehen. – Wie lange ist es schon her, seit wir zwei miteinander die Schulbank gedrückt haben! Damals waren wir unzertrennliche Freundinnen. Später hat uns das Leben räumlich getrennt, – wir lebten nicht mehr am gleichen Ort. Du hast auf den Tannenhof geheiratet und ich nach Lindenhain in den Gasthof ›Zur Linde‹.

Als wir dann beide junge Mütter waren, hatten wir einen stillen Wunsch: daß mein Sohn Rudolf und deine Tochter Heide ein Paar werden würden.«

Frau Tanner seufzt. »Es ist anders gekommen. Ausgerechnet bei dir in der ›Linde‹ hat meine Tochter ihren späteren Mann kennengelernt.«

»Deine Tochter hat immer gern mal ausgeholfen bei uns in der ›Linde‹«, erinnert sich Frau Lieberwirt. »Sie war sehr tüchtig und hätte gut zu uns gepaßt. Aber einmal aß ein junger Kaufmann bei uns zu Mittag. Er war nur auf der Durchreise. Da hat er Heide gesehen – sie hat ihn bedient – und gleich war es um ihn geschehen!«

Die Zwillinge in ihrem Versteck stoßen sich an und kichern. »Das war unser Papi«, flüstern sie sich zu. »So hat er die Mutti kennengelernt.«

»Dein Leben war nicht immer leicht, Ally«, fährt Frau Lieberwirt fort. »Zuerst hast du deinen Mann verloren – viel zu früh! – Und dann deine Tochter.«

»Ja, aus Heide und Rudolf ist kein Paar geworden«, sagt Frau Tanner. »Dafür wollen sich nun unsere beiden jüngsten Kinder heiraten. Es geht oft merkwürdig zu im Leben . . .«

»Hm, hm«, räuspert sich Frau Lieberwirt, »ich fürchte, meine Linda ist noch sehr jung; sie sollte noch etwas warten.«

»Till möchte nicht länger warten«, erklärt Frau Tanner. »Wir brauchen eine junge Frau auf dem Tannenhof.«

»Ich kann sie auch nur schlecht entbehren, meine Linda«, behauptet Frau Lieberwirt. »Unsre Gäste haben sie gern. Sie ist so flink und geschickt und immer freundlich. Eigentlich paßt sie viel besser in eine Pension als auf einen Bauernhof. Der Tannenhof ist zwar ein schöner Hof und Till ein strebsamer junger Landwirt, aber viel wirft ein solcher Hof heutzutage nicht mehr ab. Ihr solltet mehr Feriengäste aufnehmen! Ferien auf dem Bauernhof sind doch gefragt. Ein paar Ponys müßtet ihr euch halten . . . Das würde bestimmt klappen. Linda hat eine Hotelfachschule besucht, sie weiß über alles Bescheid. Der Tannenhof hat ja eine so schöne Lage . . .«

»Das Wohnhaus ist nicht groß genug«, erwidert Frau Tanner. »Wir müßten anbauen, und das kostet viel Geld.«

»Nun, Linda kommt ja nicht mit leeren Händen«, lächelt Frau Lieberwirt. »Es wird sich alles regeln lassen. Da ist nur noch eine Sache . . . Solche Bauerei bringt natürlich viel Unruhe mit sich, und Linda ist ein zartes Geschöpf. Ja, und dann noch die wilden Zwillinge! Das würde einfach zuviel für sie. Wie lange willst du sie noch auf dem Tannenhof behalten? Sie müssen doch jetzt in die Schule, und hier ist keine Schule; auch in Siebenbergen nicht.«

»Es sind meine Enkel, und ich habe sie aufgezogen. Der Tannenhof ist ihre Heimat«, antwortet die Großmutter. »Vielleicht müssen die Kinder später in ein Schüler-Internat. Aber jetzt doch noch nicht! Jetzt sind sie doch noch viel zu klein.«

Frau Lieberwirt räuspert sich. »Hm, hm, ich hatte immer gedacht, der Vater der Zwillinge – dieser Kaufmann Armin Osterwald – würde eines Tages wieder heiraten.«

»Das ist nicht so einfach«, sagt die Bäuerin. »Er ist meist geschäftlich unterwegs. Da hat er wenig Zeit, um einen andern Menschen gründlich kennenzulernen.« – »Na, wir werden uns schon etwas einfallen lassen«, meint Frau Lieberwirt. »Die Zwillinge müssen auf jeden Fall irgendwo untergebracht sein, ehe meine Linda auf den Tannenhof ziehen kann.«

Frau Tanner steht auf. »Ich muß jetzt ins Haus. Kommst du mit, Milly?« Die beiden Frauen gehen ins Haus zurück. Auch die Zwillinge kriechen aus ihrem Versteck hervor. Sie nehmen die Eier, die sie gefunden haben, und bringen sie zu ihrer Großmutter. Dabei lassen sie die Köpfe hängen und sprechen kein einziges Wort.

Wo sollen die Zwillinge hin?

Auch beim Abendessen sind Tom und Toni auffallend still. Nachher verziehen sie sich in den Gemüsegarten. Es gibt dort ein kleines, schon etwas morsches Bänkchen, das unter einem großen Holunderstrauch steht. Es ist ihr »Geheimplätzchen«. Große Leute haben gar nicht Platz darauf. »Wir müssen weg!« flüstert Toni und blickt Tom unglücklich an. »Sonst darf Linda Till nicht heiraten – hat diese Tante Emilie gesagt.«

»Ich kann sie nicht leiden!« knirscht Tom. »Und ich finde es echt schade, daß Linda eine solche Mutter hat. Ich mag sie nicht mehr sehen! Ja, am besten, wir laufen weg. Nur – wo sollen wir hin?« – »Das ist doch klar!« ruft Toni mit funkelnden Augen. »Zu unserem Papi natürlich! Wir sind keine armen Waisenkinder. Wir haben einen Papi, und der ist nicht in Amerika! Der hat uns nicht vergessen. Der läßt es nicht zu, daß jemand häßlich zu uns ist – auch Tante Emilie nicht. Wir fahren einfach zu ihm nach Frankfurt.«

Tom nickt. »Ja, ich möchte auch gern zu unserm Papi. – Da gehören wir hin. Freilich – den Tannenhof hab ich auch sehr gern – und Ally und Till und all die Tiere. Und mein Grünes Zimmer! – Was aber machen wir, wenn Papi nicht zu Hause ist? Du weißt, er ist so oft verreist. Du hast immer gesagt, daß du ihm später den Haushalt führen und für uns alle kochen wirst. Aber jetzt sind wir noch zu klein. Du kannst noch nicht kochen. Wir werden auch keine Zeit haben – wir müssen zur Schule!« – Nach einer Pause fügt Tom hinzu: »Du, die will uns eine Stiefmutter verschaffen, diese Tante Emilie. Ich will aber keine Stiefmutter haben!«

»Ally hat gesagt, daß eine zweite Mutter oft ebenso lieb sein kann wie die ›richtige‹«, sagt Toni nachdenklich. »Es wäre doch schön, wenn wir wieder eine ›richtige‹ Familie wären: Vater, Mutter und Kinder.«

»Ich will trotzdem keine Stiefmutter«, behauptet Tom. Nun

wissen die Zwillinge nicht mehr weiter. Alles ist so traurig. Toni fängt an zu schluchzen. Das kann Tom nicht hören. Da muß er auch weinen. Schließlich heulen sie alle beide.

Frau Kingstone-Rosenbrink hat gerade ihre kleine Tochter zu Bett gebracht. Jetzt möchte sie noch einen Gang durch den Garten machen. Da hört sie verdächtige Geräusche. Sie geht ihnen nach und entdeckt die tränennassen Zwillinge unter dem Holunderstrauch. »Nanu? Was ist denn los? Ist was passiert? Seid ihr krank?« fragt sie teilnahmsvoll.

»Alles ist so traurig«, klagt Toni. »Keiner will uns haben! Wir wissen nicht, wo wir hin sollen. Hier können wir nicht bleiben. Tante Emilie – die ›Lieberwirt‹ heißt, – hat gesagt, daß Till

Linda erst dann heiraten darf, wenn wir weg sind.«

»Vielleicht hat es mit den Spinnen zu tun«, sagt Tante Lilo vorsichtig und blinzelt den Zwillingen zu. Da merken Tom und Toni, daß die ›schöne junge Lilofee‹ Bescheid weiß über die ›große Spinnenjagd‹. Allmählich versiegen ihre Tränenbäche, in ihre Augen kommen wieder lustige Funken, und ihre Münder verziehen sich zu einem Grinsen.

»Das mußt du uns glauben, Tante Lilo, es gab kein anderes Mittel, um sie aus unserm Zimmer zu vertreiben«, versichert Tom.

»Ältere Menschen sind manchmal merkwürdig«, erklärt Tante Lilo. »Für die paar Tage hättet ihr Frau Lieberwirt ruhig das Grüne Zimmer überlassen können.«

Tom setzt sein störrisches Gesicht auf. »Nein, hätten wir nicht. Ich kann nur in meinem eigenen Bett schlafen!«

»Oh, das ist aber schlimm!« findet Tante Lilo. »Dann kannst du ja nie auf Reisen gehn, und das Reisen ist doch so herrlich! – Doch im Ernst, ihr Kinder, ihr werdet doch nicht glauben, daß eure liebe Großmutter euch hinauswirft.«

»Ja, aber dann gibt es keine Hochzeit«, jammert Toni. »Sie erlaubt es nicht, die un-liebe Wirtin. Und Till möchte doch gerne heiraten. Er ist schon lange verlobt.«

Margits Mutter setzt sich nun zu den Kindern auf das morsche Bänkchen. Sie nimmt Toni auf den Schoß. Für alle drei wäre kein Platz auf der Bank. Toni ist glücklich und schmiegt sich an Tante Lilo an, die so gut riecht nach einer wunderbaren Blumenseife. – »Ich verstehe gar nicht, warum ihr so niedergedrückt seid«, sagt Margits Mutter dann. »Denkt ihr denn nicht mehr an die kranke Olga?«

»An die Kuh Olga?« wundert sich Tom. »Warum? Die ist jetzt wieder gesund«.

»Ja, die ist gottlob gesund. Aber wie ist sie denn gesund geworden?«

»Wir haben alle für sie gebetet«, erwidert Toni. Dann geht ihr ein Licht auf: »Tom! Wir haben die Geheim-Nummer vergessen.«

»Ach, ja, wie dumm wir doch gewesen sind!« murmelt Tom.

»Was ist das für eine Nummer?« möchte Tante Lilo wissen.

»Sie heißt 5015«, flüstert Toni ihr ins Ohr. »Ally hat sie uns verraten. Psalm 50, Vers 15. Da steht: ›Rufe mich an in der Not, so will ich dich erretten, so sollst du mich preisen‹. – Diese Notrufnummer können wir überall wählen – ganz ohne Draht. Es geht per Funk.«

Tante Lilo streicht über Tonis blondes Haar. »Siehst du! Ihr braucht gar nicht zu verzagen. Der Vater im Himmel hat alle Waisenkinder besonders lieb – auch die Halbwaisen. Er wird schon einen Ausweg finden; er findet immer einen. Für mich war es auch sehr schwer, als meine liebe Mutter starb und ich allein blieb mit meiner kleinen Tochter. Da hat mich meine Tante Else nach Bad Homburg eingeladen. Und Arbeit habe ich auch gefunden – eine Arbeit, die mir viel Freude macht. Und dann haben wir auch noch den richtigen Ferienplatz bekommen. Nirgends ist es so schön wie auf dem Tannenhof.«

Jetzt strahlt Tom wieder. Er freut sich immer, wenn der Tannenhof gelobt wird.

»Auch auf euch wartet schon der richtige Platz, wo ihr zur Schule gehen könnt und glücklich seid«, fügt Tante Lilo hinzu. »Wir dürfen es dem Vater im Himmel sagen. Weil er euch so sehr lieb hat, wird es bestimmt ein schöner Platz sein.«

Tom und Toni hören Tante Lilo gerne zu. Sie sind nun getröstet. Auch wenn sie noch nicht wissen, was aus ihnen wird und wo sie zur Schule gehen werden, so vertrauen sie doch dem Vater im Himmel, der für sie sorgen wird. Er hört uns immer, er ist immer zu sprechen und nie verreist – wie der »irdische Vati« der Zwillinge!

Namen

Frau Lieberwirt und ihre Tochter sind wieder abgereist. Till ist ein bißchen traurig, das kann man ja verstehen. Er vermißt seine Verlobte. Und der Hochzeitstag ist auch noch nicht festgelegt worden.

Eines Abends sitzen die Tanners und ihre Feriengäste wieder auf den weißen Gartenmöbeln unter den Tannen. – Tom ist in nachdenklicher Stimmung: er hat seinen rechten Zeigefinger gegen die Nase gedrückt. »Eigentlich kann deine Braut nicht anders heißen als ›Linda‹, Till«, murmelt er. »Weil sie nämlich in Lindenhain im Gasthof ›Zur Linde‹ geboren ist.«

»Das ist gut!« lächelt die Großmutter. »Ja, mit den Namen ist das so eine Sache . . .«

»Ich heiße nach meiner Oma«, piepst Margit.

»Ich auch«, sagt Toni.

Margit reißt ihre veilchenblauen Augen weit auf vor Staunen: »Sie heißt doch anders, eure Oma; habt ihr gesagt! Ally wird sie genannt, und so fängt auch ihr Name an: Al – . . . «

»Alwine«, ergänzt Toni. »Ach, Margit, von Ally rede ich doch gar nicht, sondern von meiner anderen Großmutter. Sie ist die Mutter von unserm Papi und heißt Antonia Osterwald. Und dann hab ich noch einen Namen: Cornelia. Antonia Cornelia Osterwald. So heiße ich richtig. Cornelia ist meine Gote – meine Patin. Sie ist Papis Schwester und die Tochter von Großmama Antonia.«

»Ich heiße Thomas Till Osterwald!« verkündet Tom. »Till ist mein Pätter. Aber nach wem heiße ich denn Thomas?«

»Nach deinem Großvater, dem Bauern vom Tannenhof, Tills Vater«, erklärt ihm die Bäuerin. »Er war ein prächtiger Mensch, mein lieber Mann. Leider habt ihr ihn nicht mehr kennengelernt.«

»Ich hätte doch lieber einen andern Namen«, brummt Tom.

»Einen andern Namen? Warum denn nur?« möchte die Großmutter wissen.

»Ja, der Thomas, der war doch ein Jünger Jesu«, fängt Thomas an zu erzählen. »Ich habe die Geschichte gut behalten. Als der Herr Jesus am Kreuze starb für uns alle, wurde er in ein Felsengrab gelegt; das war eine Höhle. Die Jünger waren ganz traurig, und Thomas war besonders traurig, er war so traurig, daß er sich allein in eine Ecke verkroch. Die andern – die blieben beisammen, und dann ist ihnen Jesus erschienen am Abend des Ostersonntags. Ach, waren die froh! Gleich mußten sie es Thomas erzählen: ›Denk nur, Thomas, wir haben den Herrn Jesus gesehen. Er war mitten unter uns. Ja, er ist wieder lebendig!‹ – Das konnte der Thomas nicht glauben. Der sagte: ›Nein. Das kann ich nicht! Wenn ich nicht meinen Finger in die Narben von den Nägeln lege und meine Hand in die Narbe, wo der Kriegsknecht ihn durchbohrt hat mit dem Speer, dann kann ich's nicht glauben.‹

›Nach einer Weile saßen die Jünger wieder beisammen, und der Thomas war auch dabei. Da trat der Herr Jesus mitten unter sie und sagte zu dem Thomas: ›Du, komm mal her! Leg deine Finger in die Narben von den Nägeln und deine Hand in die Narbe von dem Speer und sei nicht mehr ungläubig!‹ Da rief der Thomas: ›Mein Herr und mein Gott!‹ Jetzt hatte er Jesus selber gesehen. ›Ja, Thomas‹, sagte Jesus, ›jetzt glaubst du, weil du mich gesehen hast. Doch glückselig sind die, die nicht sehen und doch glauben.‹ – So wie wir. Wir können Jesus auch nicht sehen und doch an ihn glauben. Ich möchte kein ›ungläubiger Thomas‹ sein. Ich habe den Herrn Jesus lieb und weiß, daß er lebt. Denn sonst könnte er uns ja nicht hören, wenn wir beten.«

»Aus dem ›ungläubigen Thomas‹ ist ein treuer, gläubiger Christ geworden«, sagt Großmutter Tanner. »Auch wir waren alle einmal ungläubig. Wohl uns, wenn wir es so weit bringen wie der Thomas und rufen können: ›Mein Herr und mein Gott!‹ – Thomas soll später viele Reisen gemacht und die Frohbotschaft von Jesus verkündet haben. Es wird erzählt, er sei bis

Indien vorgedrungen. Die erste christliche Kirche in Indien nannte sich ›Thomas-Kirche‹. Ich meine, wir können uns alle den Thomas zum Vorbild nehmen, der aus einem ›Ungläubigen‹ zu einem ›Gläubigen‹ wurde und zu einem eifrigen Missionar. Übrigens war er ein Zwilling.«

Da horcht Thomas auf. »Woher weiß man das, Ally?«

»Das steht in der Bibel; in der schönen Geschichte, wo der ›ungläubige Thomas‹ gläubig wird.«

»Und der andere Zwilling? Wo war denn der?« möchte Toni wissen.

Frau Tanner zuckt die Achseln. »Das wird uns nicht gesagt. Es steht nur da, daß Thomas Zwilling genannt wurde.«

»Der war vielleicht gestorben, der andere Zwilling«, überlegt Toni. »Sonst hätte er doch bei ihm sein müssen. Zwillinge sind immer zusammen.« – Tom ist nun ganz zufrieden mit seinem Namen. Wenn Thomas ein Zwilling war, ist es der richtige Name für ihn. Er will auch einer werden wie der »gläubige Thomas« und andern von dem lebendigen Jesus erzählen.

Es liegt was in der Luft

Ganz gewiß: es liegt was in der Luft; etwas Geheimnisvolles. Man kann es deutlich spüren. Da stecken die Bäuerin und ihr Sohn Till die Köpfe zusammen und tuscheln miteinander. Sowie sich aber einer von den Zwillingen nähert, verstummen sie und gehen auseinander. Da fährt Till in die Stadt, und die Zwillinge dürfen nicht mit, obwohl sie doch so gerne möchten. Da rumort die Großmutter im Blauen Zimmer herum, aber als Toni fragt, ob wieder Besuch erwartet wird, zuckt sie nur mit den Schultern. In der Küche kramt sie in den Schubfächern des großen, alten Küchenschrankes und fördert verheißungsvoll duftende Tütchen und Fläschchen zutage.

Am Nachmittag nimmt Tante Lilo die Zwillinge mit auf einen großen Spaziergang. Als sie zurückkommen, riecht es im ganzen Haus herrlich nach frischgebackenem Kuchen. Und doch ist nirgends ein Krümel davon zu sehen!

Als Toni für die Großmutter eine Strickjacke holen soll aus dem Kleiderschrank, weil es sich nach einem Gewitter abgekühlt hat, erblickt sie hinten im Schrank zwei wohlverschnürte Pakete. Oh, wie spannend ist das alles!

Eines Nachmittags hält dann ein dunkelblaues Auto vor dem Tannenhof. Zwei Damen steigen aus, eine ältere und eine jüngere. – »Tante Nelli!« schreit Toni begeistert und stürzt in die Arme ihrer Patentante, während Frau Tanner die andere Großmutter der Zwillinge begrüßt. Frau Antonia Osterwald ist schlicht und vornehm angezogen, sie hält sich sehr gerade, hat eine gute Aussprache und ist sehr höflich. Frau Tanner kann nicht richtig warm werden mit ihr, die beiden Großmütter der Zwillinge sind zu verschieden. Sie sagen noch immer »Sie« zueinander. –

Die Bäuerin vom Tannenhof versucht ihr Bestes, sie möchte es den Gästen richtig schön machen, und Cornelia Osterwald ist auch rasch zufriedenzustellen und gar nicht verwöhnt. –

»Sie wird es wohl nicht immer leicht haben bei ihrer Mutter«, denkt Frau Tanner und fragt die junge Dame: »Hast du dir Urlaub genommen, Nelli? Wie lange kannst du bleiben?«

Tonis Patentante lächelt. »Ach, eigentlich habe ich nur meine Mutter hierher gefahren . . . Aber morgen bleibe ich schon noch da. Meine Mutter möchte gerne etwas länger die gute Landluft vom Tannenhof genießen. Ich hole sie dann später wieder ab.«

Toni hat sich an den Rock ihrer Tante gehängt und bettelt: »Liebste Tante Nelli, bitte, bitte, bleib noch ein bißchen länger da!«

»Du wirst Cornelias Rock beschmutzen und zerknittern«, sagt Frau Osterwald tadelnd. »Darum laß sie bitte los, Toni! Natürlich würde sie gerne mit mir zusammen ein paar Tage bei euch verbringen, nur geht das leider nicht. Wie ihr wißt, arbeitet meine Tochter auf der Kurverwaltung von Bad Wiesbrunn. Im Sommer herrscht dort Hochbetrieb. Da kann sie sich keinen Urlaub nehmen.«

»O wie schade!« seufzt Toni. Sie bekommt ihre Patentante selten genug zu sehen. – »Jetzt, wo ihr beide schon bald zur Schule kommt, könnt ihr uns ja mal besuchen in den Ferien«, schlägt die Großmama (so und nicht anders möchte sie angeredet werden) vor mit einem huldvollen Lächeln.

Darauf weiß Toni nichts zu erwidern. Sie war noch niemals in Bad Wiesbrunn und weiß nicht, wie es dort ist. Zum Glück springt Tante Nelli sofort ein und sagt. »Es wird dir schon gefallen bei uns – dir und Tom. Wir haben ein großes, schönes Haus und einen prächtigen Garten.«

Bald ist es Zeit fürs Abendbrot. Der Eßtisch ist schwer beladen mit lauter leckeren Sachen: das herrliche selbstgebackene Brot, echte Hausmacherwurst; frische Eier von den eigenen Hühnern; selbstgemachter Quark, verschiedene Sorten Käse; knackige Radieschen und saftige Gurken aus dem Garten; auch die ersten eigenen Tomaten und eine ganze Schüssel voller Kirschen. Darüber freut sich Toni besonders, denn Kirschen sind ihr Lieblingsobst. – Tante Nelli und Tante

Lilo sitzen nebeneinander und scheinen sich gleich gut zu verstehen.

Frau Tanner sagt, daß alle heute früh zu Bett gehen sollten. Die Gäste müßten sich ordentlich ausruhen nach ihrer langen Reise, und die Zwillinge sollten frisch und munter und gut ausgeschlafen sein für den morgigen Tag!

Tom und Toni gehen ohne Widerrede zu Bett. »Ich hab meine Gote Nelli so gern!« murmelt Toni. »Ich würde ihr sogar mein eigenes Bett geben!«

»Das ist nicht nötig«, brummt Tom. »Die beiden brauchen keine Morgensonne, die schlafen gern im Blauen Zimmer. Du bist gleich so überschäumend, Toni!«

Überschäumend! Das gefällt Toni. Sie kichert leise in ihr Kissen hinein. Dann kommt der Schlaf, und die Zwillinge haben die allerschönsten Träume, denn ihre kleinen Herzen sind voller Erwartung.

Tränen an einem Freudentag

Der nächste Tag beginnt wunderschön: die Zwillinge werden durch Gesang geweckt. Tante Lilo und Tante Nelli singen gemeinsam vor ihrer Zimmertür. Es ist ein englisches Lied: »Happy birthday to you«. Das heißt auf deutsch: wir wünschen euch einen glücklichen Geburtstag. Heute fällt es den Zwillingen richtig schwer, sich an Allys Ordnung zu halten: erst beten, dann waschen, dann anziehen. Sie möchten lieber sofort nach unten laufen ins Wohnzimmer und sehen, welche Überraschungen da auf sie warten an ihrem 7. Geburtstag. Nun, heute wird eben ein »schnellerer Gang« eingeschaltet: da sind sie bald fix und fertig und stürmen die Treppe hinunter. –

Ach, wie ist das schön! Im Wohnzimmer steht der Geburtstagstisch. Großmutter Tanner hat sieben bunte Kerzen angezündet. Die brennen in einem hölzernen »Geburtstagsleuchter«, der mit Blumen besteckt ist. Da sind auch die Kuchen, die Frau Tanner heimlich gebacken hat und nach denen das ganze Haus so lecker roch. Es sind ein gewaltiger Napfkuchen mit Rosinen und Nüssen darin; eine Obsttorte mit Johannisbeeren und eine Schokoladentorte; auf den glänzenden, dunkelbraunen Schokoladenguß ist mit weißem Guß eine große 7 gespritzt. Tante Lilo hat einen prächtigen Blumenstrauß gepflückt für die Zwillinge. Außerdem schenkt sie jedem ein Kinderbuch, zu dem sie selber die Bilder gezeichnet hat und noch ein vergnügliches Würfelspiel, bei dem auch die kleine Margit schon mitmachen kann. Es heißt: »Das lustige Flunderspiel«.

Till hat für jeden der Zwillinge einen Schulranzen besorgt. Großmutter Tanner schenkt den Geburtstagskindern himmelblaue Jeans und dazu himmelblaue T-Shirts mit dem Bild der Micky-Maus darauf. Tante Nelli hat für ihren Neffen und für ihre Nichte eine Tafel Schokolade mitgebracht, eine Schachtel mit prächtigen Buntstiften und ein Malbuch. Man muß den Zwillingen nämlich immer das gleiche schenken. Nur Großmama Osterwald hat das nicht getan: sie hat für Tom einen richtig feinen Anzug gekauft und für Toni zwei hübsche Kleider und eine Schürze. »Wenn du jetzt zur Schule kommst, müssen alle sehen, daß du kein wilder Bub, sondern ein liebes kleines Mädchen bist«, sagt Frau Osterwald dazu.

Toni beißt sich ganz fest auf die Lippen. Weil sie heute Geburtstag hat, will sie wirklich ein liebes, braves Mädchen sein und niemanden kränken. Sie hat sich auch höflich bei allen bedankt für die schönen Geschenke, so wie sich das gehört und wie Ally es ihre Enkel gelehrt hat. Doch das Funkeln ihrer blaugrauen Augen verrät, daß sie anders denkt in ihrem Herzen: sie will gar kein Mädchen sein, sie will sein wie

ihr Zwillingsbruder und sich genauso anziehen wie er! Großmamas Kleider können ja im Schrank hängen bleiben. Die wird sie höchstens dann anziehen, wenn die Großmama mal zu Besuch kommt. –

Nach dem guten Frühstück – Eier, Honig, Käse, Marmelade, Quark und ein Stück vom Geburtstagskuchen – dürfen sich die Zwillinge ein Geburtstagslied wünschen. Sie möchten gerne das »Danklied« gesungen haben:

»Danke, für diesen guten Morgen.
Danke, für jeden neuen Tag.
Danke, daß ich all meine Sorgen
auf dich werfen mag!«

Der Vormittag geht schnell herum. Tante Lilo liest ihnen aus einem der Kinderbücher eine Geschichte vor. Dann probieren die Zwillinge die Buntstifte aus, die Tante Nelli ihnen geschenkt hat und fangen an, die Bilder im Malbuch auszumalen. Toni malt schnell und großzügig, Tom langsam und sorgfältig. – Zu Mittag gibt es das Essen, das die Geburtstagskinder sich gewünscht haben: Schinkenmakkaroni-Auflauf und dazu grünen Salat, der süß angemacht ist, mit saurer Sahne und etwas Zucker. So mögen ihn die Zwilinge am liebsten. Als Nachtisch hat Großmutter Tanner rote Grütze und Vanillesoße gekocht.

Nach dem Mittagessen soll es eine Ruhepause geben. Tante Nelli holt drei Liegestühle aus der Scheune, wo sie aufbewahrt werden und stellt sie am Waldrand auf. Dort ist es schattig und kühl. Sie und die Zwillinge legen sich in die Stühle. Die drei erzählen sich was, dösen ein bißchen vor sich hin und vergnügen sich mit einem Spiel. Es heißt: »Ich sehe was, was du nicht siehst«.

Die Geburtstagsschokolade wird draußen unter den Tannen getrunken. Die Johannisbeertorte ist sehr erfrischend, und die Schokoladentorte schmeckt einfach wunderbar. Till hat einige Spiele vorbereitet: Büchsen umwerfen und Ball suchen. Aber dann kommt plötzlich ein Regenschauer, und alle eilen schnell ins Haus.

Jetzt wird das lustige Flunderspiel gespielt, das den Kindern viel Spaß macht. Die Flundern müssen zusammengesetzt werden. Sie haben lauter verschiedene Farben. Wer eine Eins würfelt, bekommt einen Flunder-Kopf. 2 und 3 bilden den Rumpf, 4 und 5 die Seitenstücke und die Sechs das Schwänzchen! Wer seine Flundern zuerst zusammen hat, ist der Sieger.

Toni scheint gar nicht so richtig bei der Sache zu sein. Sie wird immer stiller, und schließlich bemerkt Tante Lilo, daß ihre graublauen Augen voller Tränen stehen, die langsam über ihre Bäckchen kullern. Sie ist ganz erschrocken und fragt: »Aber Toni! Toni! Kind, was fehlt dir denn? Bist du krank? Tut dir etwas weh?« – »Vielleicht der Bauch«, meint Tom verständnisvoll. »Das kommt von der Schokoladentorte . . . Die hat eben zu gut geschmeckt!«

Toni schüttelt heftig den Kopf und schluchzt immer lauter. »Gar nicht! Es ist nur – es ist nur – weil uns unser Papi vergessen hat! Er ist nicht gekommen und hat uns nicht geschrieben und nichts geschickt. Er hat uns vergessen – oh, oh, oh!»

Toni wird sogleich von zwei Großmüttern getröstet, die beide liebevoll auf sie einreden: »Wie kannst du nur so etwas Dummes denken! Er ist sicher gerade geschäftlich unterwegs, da hat er nicht schreiben können. Das wird er dann später tun – ganz bestimmt.«

Tom nickt heftig. »Weil da kein Briefkasten war. Und auch kein Telefonhäuschen. Oder er hat keine Briefmarke gehabt und kein Kleingeld fürs Telefon. Aber vergessen! Das tut unser Papi nicht. Niemals! Er wird schon noch schreiben. Oder er kommt selbst – ganz plötzlich.«

Allmählich beruhigt sich Toni wieder. Als sie beim Abendessen sitzen – die Kinder haben sich Milchreis und Heidelbeerkompott gewünscht – läutet das Telefon. Till geht an den Apparat. Freudestrahlend ruft er: »Tom – Toni – schnell ans Telefon! Da will euch jemand gratulieren.«

Die Zwillinge wären fast hingeflogen – so schnell laufen sie. O ja, es ist der Vater, der seinen Kindern Glück und Segen wünscht zu ihrem 7. Geburtstag. Diese Freude! »Ich komme euch bald besuchen«, verspricht er, »und dann bringe ich eure Geburtstagsgeschenke mit. Schicken konnte ich sie nicht – dazu sind sie zu groß.«

Oh, wie ist das spannend! Was mag es nur sein, das der Papi mitbringen wird und das man nicht in ein Paket packen kann? – Niemand weiß es –, niemand kann es erraten. – Es sind zwei restlos glückliche Geburtstagskinder, die Tante Nelli ans Auto begleiten und sie zum Abschied umarmen. »Wie gerne wäre ich noch geblieben, um euren Vater zu treffen, der ja mein Bruder ist«, sagt Tante Nelli. »Aber die Pflicht ruft, ich kann nicht länger bleiben. Es war doch schön, daß ich diesen Freudentag mit euch feiern durfte.« – Ach ja, es war ein rechter Freudentag – das finden die Zwillinge auch. Und abends im Bett summt Toni noch leise vor sich hin:

»Danke, dein Heil kennt keine Schranken.
Danke, ich halt mich fest daran.
Danke, ach, Herr, ich will dir danken,
daß ich danken kann!«

Die Ansichten der Großmama

An einem schönen Sommerabend sitzen die beiden Großmütter auf den weißen Gartenstühlen unter den Tannen. Die Kinder spielen in der Nähe. Großmutter Tanner hat ihnen ein Spiel beigebracht, das sie früher selber gespielt hat, als sie noch ein kleines Mädchen war. Es macht viel Spaß. Die Zwillinge und Margit haben im Walde Tannenzapfen gesucht, – große Zapfen von den Fichten und kleinere von den Kiefern.

Jetzt stecken sie Stöckchen in die Zapfen hinein: das sind die Beine. Sie stellen sich ganze Viehherden her: die großen Zapfen sind die Kühe und die kleinen, rundlichen die Schweine. Dann machen sich die Kinder Stöckchen von gleicher Länge zurecht, die werden dicht nebeneinander in die Erde gesteckt. Das gibt dann einen Zaun. Die Kühe bekommen eine größere eingezäunte Weide und die Schweinchen einen kleinen Pferch. Mit einem Ohr hören die Kinder den Reden der Großmütter zu.

»Wie schnell die Zeit vergeht!« sagt Großmutter Osterwald. »Jetzt sind die Zwillinge sieben Jahre alt und müssen zur Schule. Sie hätten schon vor einem Jahr eingeschult werden können. Aber da lagen die Sommerferien sehr früh, und die Zwillinge waren noch nicht ganz sechs Jahre alt. Es ist alles sehr schwierig, weil der Tannenhof so abseits liegt. In Siebenbergen gibt es keine Schule mehr. Was werden Sie tun? Ich zerbreche mir schon die ganze Zeit den Kopf darüber.«

Großmutter Tanner seufzt. »Ja, es ist wirklich schwierig. Sie werden nach Kerbelsdorf in die Schule müssen. Von Siebenbergen fährt ein Schulbus. Aber der kann nicht am Tannenhof vorbei kommen. Das wäre ein großer Umweg. Wir müßten sie mit dem Auto nach Siebenbergen bringen und wieder abholen. Das ist alles sehr umständlich. Es gefällt mir gar nicht!«

Frau Osterwald nickt. »Mir auch nicht! Wir müssen eine andere Lösung finden. Ich möchte auch nicht, daß meine

Enkel eine Dorfschule besuchen. Später sollen sie auf eine höhere Schule. Die gibt es nicht in Kerbelsdorf. Ja, bei uns in Bad Wiesbrunn, da haben wir gute Schulen.«

»Sie haben ein großes Haus, Frau Osterwald. Würden Sie die Zwillinge aufnehmen?« fragt Frau Tanner.

»O ja, gewiß, – wenn ich noch jünger wäre«, versichert Großmutter Osterwald. »Leider bin ich zu alt. Ich bin nicht mehr so flink und rüstig wie Sie, Frau Tanner. Den Zwillingen bin ich nicht gewachsen. Die klettern auf Bäume oder kriechen unter die Betten. Da kann ich nicht hinterher. Wenn meine Tochter Cornelia zu Hause wäre, – ja, das ginge. Doch sie muß arbeiten gehen. Sie hat ja ihre Stelle auf der Kurverwaltung. So habe ich mir etwas anderes ausgedacht. Bei uns gibt es ein kleines privates Kinderheim. Vielleicht könnten wir die Zwillinge dort unterbringen.«

Toni hält den Atem an. Was wird Ally darauf antworten?

»Ich möchte nicht, daß die Kinder jetzt schon in ein Heim kommen«, sagt Großmama Tanner. »Sie sind ja noch so klein. Das muß der Vater der Zwillinge entscheiden. Er wird uns ja bald besuchen, dann wollen wir über alles sprechen.« – Toni holt tief Luft. Ja, der Papi! Der wird doch nicht zulassen, daß seine Kinder zu fremden Leuten gebracht werden! Sie wendet sich ihrem Bruder zu. »Du, Tom, ich wünschte, es gäbe überhaupt keine Schulen. Dann könnten wir immer auf dem Tannenhof bei Ally und Till bleiben.«

Tom drückt seinen rechten Zeigefinger gegen die Nase und denkt nach. »Aber dann lernen wir nie lesen, und ich möchte gerne lesen – viele Geschichten – alle Geschichten auf der Welt!«

»Und ich möchte viele Lieder lernen und Flöte spielen und Bilder malen«, überlegt Toni. »Vielleicht geht es gar nicht ohne Schulen.«

Tom nickt. »Bestimmt nicht. Die müssen sein. Das sagen alle großen Leute. Aber hab keine Angst, Toni! Unser Papi sucht uns die richtige aus. In Frankfurt. Dann sind wir ganz nahe bei ihm. Und Till und Linda können heiraten . . .«

Tante Lilo hat eine Idee

Was ist das für ein Geräusch dort draußen? Oh, die Zwillinge haben es sofort erkannt! So brummt nur *ein* Auto, ein ganz bestimmtes Auto! Sie stürzen beide zur Tür hinaus – und direkt in die Arme ihres Vaters. Wie gut, daß er zwei Arme hat! So kann er mit jedem Arm einen Zwilling umschlingen und ihn fest, ganz fest an sich drücken. Toni vergießt schnell ein paar Tränen der Freude.

»Prima, daß du da bist, Papi«, murmelt Tom. »Wir brauchen dich ganz nötig.«

»Das hört man gern«, schmunzelt Vater Osterwald. »Und ich dachte schon, ihr hättet mich vergessen! Aber ich – ich habe euch nicht vergessen. Kommt und seht, was ich euch mitgebracht habe!«

Tom und Toni sind furchtbar gespannt. Der Vater öffnet den Kofferraum. Oh, oh, – was ist es nur, das er dort hervorholt? Nein – ist das möglich – das sind ja zwei wunderhübsche, funkelnagelneue Kinderfahrräder, genau passend für die Zwillinge. Tom und Toni sind zuerst sprachlos vor Überraschung und Freude. Dann möchten sie am liebsten gleich losradeln. Ein bißchen verstehen sie schon davon. Manchmal haben sie das Radfahren probiert mit Tills altem Fahrrad. Nur war das natürlich zu groß für sie.

»Laßt nur«, sagt der Vater. »Die Räder rollen euch nicht davon. Die bleiben immer bei euch. Morgen früh wollen wir sie ausprobieren. Jetzt gehen wir zuerst mal ins Haus, um Till und die Großmütter zu begrüßen.«

Es gibt soviel zu erzählen, daß man gar nicht weiß, wo man anfangen soll. Aber dann – am Abend des nächsten Tages – ist es auf einmal ganz ruhig geworden. Da sitzen alle – die Tanners, die Osterwalds und die Feriengäste – auf den weißen Gartenmöbeln unter den Tannen, schauen hinauf zum Abendhimmel und lauschen dem späten Gesang eines Vogels.

Vater Osterwald und seine Kinder haben sich auf der weißen Bank niedergelassen, – der Vater in der Mitte, Toni auf seiner rechten und Tom auf seiner linken Seite. Leise stößt Tom seinen Vater an und flüstert: »Schau sie an: das ist die schöne, junge Lilofee!«

»O ja, ich seh's, ich seh's«, lächelt Herr Osterwald.

»Wenn ich groß bin, möchte ich sie heiraten«, sagt Tom plötzlich entschlossen. »Ich verdiene dann viel Geld, und sie kann alles haben, was sie will. Ihr erster Mann – weißt du – das war kein wilder Wassermann. Das war ein amerikanischer Teddybär.«

»Sei du mir still von dem!« mischt sich Toni hier hitzig ein. »Der war ein Angsthase. Der hatte Angst vor seinem bösen Papa. Dieser alte Königstein wollte nicht, daß sein reicher Sohn ein armes deutsches Mädchen heiratet. Nur der alte Onkel Brian, der war gut zu Tante Lilo . . .«

»Nach Golde drängt,
Am Golde hängt
Doch alles. Ach, wir Armen!«

murmelt Herr Osterwald.

»Was hast du gesagt?« fragt Toni erstaunt.

»Das war nur ein Ausspruch von dem großen deutschen Dichter Goethe«, erklärt der Vater. »Er wurde in Frankfurt geboren. Eines Tages werde ich euch sein Elternhaus zeigen.«

Eine Weile ist es still. Dann fängt Großmutter Tanner an zu sprechen: »Wie soll es mit den Zwillingen weitergehen, Armin? Sie müssen jetzt zur Schule. Ich habe sie auf alle Fälle in Kerbelsdorf angemeldet, obwohl mir das nicht so richtig gefällt.«

»Wir werden mit unsern neuen Rädern hinfahren«, verkündet Tom stolz.

»Ich möchte nicht, daß meine Enkel auf eine Dorfschule gehen«, sagt Großmutter Osterwald. »Sie müssen auch bald Musikunterricht bekommen. Was soll also geschehen?«

»Ich möchte meine Kinder gern zu mir nach Frankfurt holen«, erwidert der Vater. »Leider bin ich oft auf Geschäftsreisen, und ich kann die Kinder nicht allein lassen. Es muß also eine Haushälterin her. Die Schwierigkeit ist nur, die richtige zu finden. Ich war schon auf dem Arbeitsamt und habe eine Anzeige für die Zeitung aufgegeben. Aber dabei kam bisher auch nichts Gescheites heraus. Die einen waren noch zu jung und unerfahren. Denen konnte ich meine Kinder nicht anvertrauen. Ältere Frauen sind tüchtiger und erfahrener. Doch die sind oft mürrisch, pedantisch und sauberkeitswütig und verstehen wenig Spaß. Bei denen würden sich meine Kinder nicht wohlfühlen.«

Ganz überraschend meldet sich hier Tante Lilo zu Wort: »Ich möchte Ihnen einen Vorschlag machen. Bis Sie die passende Haushälterin gefunden haben, könnte ich die Zwillinge zu mir nehmen. Bad Homburg ist ja nicht weit von Frankfurt entfernt.«

»Ja, haben Sie denn Platz?« fragt Vater Osterwald zögernd.

Tante Lilo nickt. »O ja. Wir wohnen im Haus meiner Tante Else. Da ist Platz genug. Es ist ein geräumiges, älteres Haus. Manchmal vermietet meine Tante sogar ein oder zwei Zimmer an Kurgäste. Das Haus liegt ruhig, und es ist auch ein Garten dabei.«

Vater Osterwald holt tief Luft. »Sie würden das wirklich tun? Sich um meine beiden wilden Rangen kümmern, die hier auf dem Tannenhof in großer Freiheit aufgewachsen sind?«

»Ja, bis Sie jemanden gefunden haben, der die Zwillinge und Ihren Haushalt betreuen kann«, erwidert Frau Kingstone-Rosenbrink. »Sie sind gar nicht wild, Ihre Kinder; nur ganz normale Landkinder; eher besinnlich – möchte ich sagen. Ich tue es gern, denn ich habe sie lieb gewonnen. Es wäre doch eine Lösung – fürs erste.«

»Die beste Lösung, die ich mir denken kann!« ruft Vater Osterwald freudig erregt.

»Das ist wahr«, bestätigt Frau Tanner. »Bei Frau Rosenbrink sind die Zwillinge in den besten Händen. Und gewöhnt haben sie sich auch schon an ihre ›Tante Lilo‹ und an Margit.«

»Auch ich finde das gut«, sagt Großmutter Osterwald. »Frau Rosenbrink ist eine kluge, gebildete Frau. Sie hat Fremdsprachen studiert. Ihre eigene Tochter ist artig und gut erzogen. Und in Bad Homburg können die Zwillinge alles lernen, was nötig ist.«

Die Zwillinge lassen ihre Blicke von einem zum andern wandern und sagen gar nichts.

»Wir werden uns dann sehr oft sehen«, raunt ihnen der Vater ins Ohr. »Und ich werde euch viel Schönes zeigen.«

»Das Haus von dem Dichter?« fragt Toni zögernd.

»Das Goethe-Haus?« schmunzelt der Vater und streicht ihr gedankenvoll über das blonde Haar. »Gewiß, mein Mädchen. Und den Zoo. Und den Palmengarten. Und den Flughafen. Und den Main. Und die Saalburg. Und noch vieles andere mehr.«

Da gibt es nichts mehr zu sagen. Wer weiß – vielleicht soll es so sein? Vor Tante Lilo braucht man sich nicht zu fürchten. Bei ihr ist es bestimmt schön.

Scheiden tut weh

Tom und Toni laufen Hand in Hand über die Wiesen. Es weht ein frischer Wind.

»Die Schwalben fliegen bald weg – in den Süden«, sagt Tom. »Dann ist es so weit – dann kommt der Herbst. Die Blätter werden gelb und rot und fallen ab.«

»Dann sind wir nicht mehr hier«, erinnert Toni. »Unser Papi kommt ganz bald und holt uns ab. Tante Lilo macht schon alles fertig für uns«. Und dann fängt Toni mit heller Stimme an zu singen:

»Sommer ade,
Scheiden tut weh.
Aber dein Scheiden tut
uns allen wirklich gut,
weil ich dann geh
zur Lilofee.«

»Das ist falsch«, mischt sich Tom ein. »Es muß heißen: ›Weil wir dann gehn zur Lilofee.‹«

Toni schüttelt betrübt den Kopf. »Läßt sich nicht machen, Tom. Es würde sich nicht reimen.«

»Willst du etwa auch ein Dichter werden – wie dieser Goethe?« fragt Tom mißtrauisch.

»Ich glaube kaum, daß ich es schaffe«, meint Toni. »Da werde ich lieber Sängerin und singe, was andere gedichtet haben. Nur unser Abschiedslied, das ist von mir. Till hat mir aber ein bißchen dabei geholfen. Der freut sich auch, wenn der Sommer abzieht. Denn dann wird er heiraten. Tante Emilie kann jetzt nichts mehr dagegen sagen. Weil wir weggehen!« – Tonis graublaue Augen funkeln triumphierend. Jetzt muß die »Spinnenfeindin« ihre Linda hergeben!

»Scheiden tut weh«, wiederholt Tom leise. »Ich werde

schreckliche Sehnsucht haben: nach dem Tannenhof, nach Till und Ally, nach den Tieren, nach dem Gemüsegarten, nach unserm Grünen Zimmer.«

»Wir kommen ja wieder«, tröstet ihn seine Zwillingsschwester. »Nämlich in den Ferien. Das hat Ally gesagt. Sie will uns auch besuchen in Bad Homburg. Im Winter, wenn es nicht soviel Arbeit gibt auf dem Tannenhof und wenn Till geheiratet hat. – Es wird richtig spannend sein, in einer Stadt zu leben. Da gibt es vieles, was wir noch nicht kennen. Und unsern lieben Papi sehen wir oft. Er zeigt uns alles. Du, das ist aufregend! Denk nur an die vielen, vielen Autos in einer großen Stadt.«

»Ich hoffe, er findet nie eine Haushälterin – der Papi«, vertraut Tom seiner Schwester an. »Denn am liebsten bleibe ich bei der schönen, jungen Lilofee und bei Margit.«

»Aber man weiß nicht, ob sie uns behalten will«, murmelt Toni. »Wir sind nicht immer so brav wie Margit. – Du, Tom, schau, dort drüben steht der Frühapfelbaum. Seine Äpfel sind schon reif. Pflückst du uns welche? Sie sind erfrischend – auch wenn sie nicht so süß sind. Und Ally kann Apfelmus davon machen. Ich würde selber raufklettern, aber nun hab ich dieses dumme Kleid an, weil Großmama es wünscht. Mit einem Kleid kann man doch nicht auf einen Baum klettern! Es ist zu gefährlich; man kann hängenbleiben. Oder es zerreißt; und dann wäre Großmama böse.«

Tom steigt also auf den Frühapfelbaum und reicht Toni einen Apfel. Er selber nimmt sich auch einen. Dann sammeln sie die Falläpfel auf, um sie Ally mitzubringen. Ally sagt immer, daß man nichts umkommen lassen darf.

»Wer weiß, ob sie einen Apfelbaum haben in Bad Homburg«, murmelt Tom.

»Das werden wir sehen!« ruft Toni voller Eifer. »Bald! Die Hauptsache, es ist ein Garten da. – Du, Tom, Tante Lilo hat recht gehabt. Der Vater im Himmel hat den richtigen Platz für uns ausgesucht, wo wir zur Schule gehen können. Ich bin schon so gespannt auf all das Neue, das wir sehen werden!«